売れる!
「コピー力《りょく》」養成講座

ささる文章はこう書く

山口照美
Terumi Yamaguchi

筑摩書房

売れる！「コピー力」養成講座

ささる文章はこう書く

目次

第3章 売れるコピーのネタ帳（1）～商品・サービス編

第4章

第5章

はじめに

「あなただけ」に書くから売れる！

まず、次の３つのコピーを読んで下さい。

①「チラシの反応が無く、ムダなお金が出ていくばかり……
　社長、試しにキャッチコピーを変えてみませんか？」

②「話すのが下手な営業マンのための
　書いて売る！セールス文章の書き方本」

③「ブログ・ツイッター・メルマガで集客したい！
　ＷＥＢプロモーションに必須のネタ探し＆文章テク」

このキャッチコピーのうち、全てが自分に当てはまる人は少ないはずです。

①は経営者、②は営業マン、③はＷＥＢ担当者に向けて書きました。この本は、この三

者以外にも、次のような人に役立ちます。

■外注先の印刷・WEB会社に指示をする担当者
■チラシやWEBの文章作成を請け負っている人
■起業家や士業で独立しており、ファンを作りたい人
■接客で上手なアドバイスができない店員

この本は、大きくまとめると「書いて商品やサービスを売りたい人」に役立ちます。だからと言って、「全てのビジネスパーソンに役立つ文章本」と書いてしまうと、印象がぼやけます。本気で物を売りたければ、「みんな」に書くより「あなただけ」に向けて書く。そのことを、この本では「ささる文章」「くどきコピー」として、書き方を指南しています。

ここ10年で、「売るために書く」機会は、飛躍的に増えました。ブログやSNS、ツイッターで「自分をアピールするために書く」能力が求められる時代です。「売るための文章力」を鍛えて損はありません。

私は、7年前から「企画屋プレス」という中小企業専門のプレスリリース代行サービスをしています。プレスリリースとは、雑誌やテレビ局などのマスコミに対して会社や店舗

のニュースを知らせる文書のことです。同時に、チラシ・パンフレット・会社案内・WEB・メルマガの代筆など、多くの業種の文章を代わりに書き、売り上げや知名度向上といった成果を出して来ました。雑誌のライター経験もあります。

「その程度の実績で本を書くなんて図々しい」という声が聞こえそうです。確かに、私には大手メーカーのCMや「あの○○のキャンペーンをやった人」という冠はありません。

しかし、多くの人が目指すべきは、「名コピーライター」になることではなく、「顧客の心にささる文章を書く」ことです。その出発点で「どこに進めばいいのかわからない」人のために、この本を書きました。2005年から実施している「売れる！セールス文章の書き方講座」を基に、一人で学べる、すぐに使えるワークブックになっています。

それでは、「売れるコピーの書き方」講座の地図をお渡ししましょう。

第1章で「ダメコピー」にツッコミを入れる練習をします。「人のふり見て我がふり直せ」、コピーのダメ出しをする中で、自分の文章のマイナス点に思い当たるはずです。

第2章は「くどきコピー」の優れた点を学びます。事例を読んで、消費者をくどけるいいコピーが、読み手のどんな心理に訴えているのかを学びます。

第3章は、「自社・店舗・自分のネタ探し」を丁寧にやります。「書けない」理由が文章力でなく、「ネタを発見する能力」にある人は、この章と第4章がおすすめです。言葉のネタ帳を作る習慣がつけば、売れるコピーや人気ブログが次々と書けるようになります。

第4章は「読者研究」に取り組みます。雑誌やWEBを活用した、コストが安くて効果が高い、すぐにできる方法を学んでもらいます。

第5章は「売れるコピーの基本の型」を総まとめしています。とりあえず、目の前のコピーをどうにかしたい人は、この章に駆け込んで、提示した「売れるコピーの型」にはめてコピーを作ってみてください。軽く10本は、効果的なコピーが書けるはずです。

第6章は「キャッチコピーができるまで講座」として、販促の企画を立てて文章を書くまでの流れを対話形式で進めています。この対話の流れを会社や店舗で再現すれば、売れる販促ツールが作れます。

また、コピーすればそのまま使える、ワークシートも入れておきました。間のコラムは、ライティングやビジネスのヒントに、気軽に読んでください。

さあ、できれば筆記用具をお手元に。

楽しい、役立つ、一生使える「コピーライティングの授業」のはじまりです！

第1章

ダメコピーに学べ！

～コピー選球眼を磨く５つのレッスン

1 印象に残らない「空気コピー」

毎日のように折り込まれる新聞広告。メールボックスに飛び込んでくるメルマガ。展示会でもらったパンフレット。一度行ったお店から届くＤＭ。店頭のＰＯＰや商品パッケージ……私たちの目の前には、膨大なコピーが日々流れていきます。その中から、自分の目に止まった「ささるコピー」を研究するのは、書く力の向上に有効です。

しかし、この本ではあえて「真っ先にゴミ箱に捨てたチラシ」に注目します。

なぜって？

それは、「長所探し」より「欠点探し」の方が簡単だからです。

私が２００４年に初めて開催した自主セミナーは、「チラシ・パンフレット・ＤＭ持って来い！」という乱暴なタイトルでした。さまざまな業種の方が、自社のチラシやパンフレットを持って参加してくださいました。大企業のポスターや販促物を扱っている方は驚くかもしれませんが、多くの中小企業・店舗が「ワードやパワーポイントで作ったチラシ・資料を印刷したもの」を持参したのです。私も自社の販促ツールは、ワードで随時書き換えて使っています（それでもコピーが良ければ成果は出ます！）。

４名１グループで、それぞれが自社のチラシやパンフレットを出します。「どんどんダメ出ししてください！」と指示すると、容赦ないチェックが他の参加者から入ります。「売りのメニューがわからない」「料金説明が不親切」「写真と内容が合ってない」等々。

ダメ出しをされた方は、改善ポイントが具体的にわかります。
また、ダメ出しをする方は「ささるコピーの条件」がわかってきます。

さっきまで他社のチラシにダメ出しをしていた人が、「さっき偉そうに言いましたが、ウチもこの辺がわかりにくいですよね……」と、自社チラシを差し出します。欠点探しは長所探しよりは取り組みやすく、効果が高いのです。

では、皆さんも「ダメ出しワーク」に取り組んでみましょう。

問題

先週、異業種交流会で名刺交換をした相手から届いたハガキです。ダメだと思うポイントを、3つ指摘してください。

先日はどうもありがとうございました。
山口様との出会い、大変うれしく思います。
これを糧に日々精進していきたいと思います。
今後ともどうぞよろしくお願いします。

林一郎

差出人は仮名ですが、実際に私がもらったハガキです。これ以外の情報は、ハガキの表面を見ても一切ありません。さて、この文面のどこがよくないのでしょうか?

解答例

1　何の印象にも残らない、儀礼的な文章だ。
2　「思います」と文末が重なっている。

３　「林一郎」の情報が全く無い。
４　どう「よろしく」していいのかわからない。
５　差出人の思いが読み取れない。

いろいろ言いたいことはあると思いますが、**このハガキの最大の欠点は「空気コピー」であること。**「空気コピー」とは私が勝手に名付けました。存在を忘れられてしまう、気づかれないコピーのことです。心にまったく引っかかりません。

マニュアルに従って、全員に同じことを書いて送っただけの文章。「山口様との出会い、大変うれしく思います」の部分は、特にそうですね。私にどんな印象を持ったのか、どんな話をして、出会いがどのようにプラスになったのかがわからない。具体的に書いてくれれば、名刺交換した人の中から私は「林一郎さん」をぱっと思い出せたはずです。

「山口さんにお伺いしたプレスリリースの話が、ちょうど我が社の課題だったので勉強になりました。ありがとうございます」

過去に別の方からもらったハガキです。会話の内容がすぐに思い出せました。同じように「よろしくお願いします」という一言も、詳しい方が効果的です。

「私はフィナンシャル・プランナーとして、主に自営業者の方の保険や資産の悩みにお答えしています。どうぞお気軽にご相談ください。（以下連絡先）」

これだけの内容があれば、林一郎さんは手を動かして50円使ってハガキを出した意味があります。私が保険や家計で悩んだ時に、ふっと彼を思い出す可能性が高まるのです。

余談ですが、この話にはオチがあります。このハガキをもらったのは12月中旬だったので、「どうせなら年賀状で出したらええのに」と思って表を返して、びっくり！　ハガキの下に2羽のカモメのイラストが。林一郎（仮名）氏は、余った暑中見舞いハガキ「かもめーる」で、冬にお礼ハガキを送ってきたのです！　この「かもめーる君」にどこかで会ったら説教してやりたい、と思っているうちに本のネタにしてしまいました。これでは空気コピーを通り越した「地雷ハガキ」です。皆さんもお気をつけください。

チラシやDMを捨てる前に、「なぜ印象に残らないのか？」を一瞬考える癖をつけてください。心にささるコピーと、素通りされてしまうコピーを見分ける「選球眼」が鍛えられます。儀礼的な挨拶やお礼メールは、時間と労力のムダ。どうせ書くなら相手の心に残るものを書きましょう！

宿題

名刺入れを取り出して、最近会った人にお礼メールかハガキを書いてみましょう。
①出会った際の印象や話を具体的に添える。
②自分（または自社）の紹介を入れる。
③これからどんなお付き合いをしたいか、明記する。

文中で示したアレンジを参考に、書いてください。実際に出すと、もっといいですよ！

2 うさんくさい「ＪＡＲＯコピー」

「ＪＡＲＯ」とは、社団法人日本広告審査機構のこと。「ウソ・大げさ・まぎらわしい」広告はＪＡＲＯまで……というＣＭでおなじみの、表現の審査を行う機関です。消費者から「この広告と実際の内容が違うんじゃないの？」というクレームを受けて、広告主にヒアリングして警告をします。「ＪＡＲＯコピー」とは、「ＪＡＲＯに訴えられても知らんでコピー」、つまり「ウソ・大げさ・まぎらわしいコピー」だと思ってください。

ＪＡＲＯのサイトでは、Ｑ＆Ａが公開されています。広告のクレームと、広告主の回答に、ＪＡＲＯの見解を加えたもの。掲載されている相談をチェックしてみましょう。

「Ｑ　化粧品の折り込み広告に、体験者の使用前・後の写真が使用されているが、化粧品を使用しただけでは考えられないほどの劇的な変化であり、体験者が美容整形を行ったか、写真を画像処理したとしか思えない。このような広告は問題ではないか」

（ＪＡＲＯのサイト　http://www.jaro.or.jp/nnw.html/j_soudan.html）

「しわしわの写真↓このサプリを飲んだら↓こんなに若返った！（64歳）」とあり、現在の写真がどう見ても30代やろ！　とツッコミたくなる怪しいチラシを、皆さんも最近見かけませんか？　ＪＡＲＯと広告主の回答をチェックしておきます。

ＪＡＲＯは、写真の加工の確認はできないとしつつ、「当該広告の随所にわたる肌の若返り効果、使用前・後の写真、『究極』などの最大級表現は化粧品としての効能効果の範囲を逸脱」と答えています。広告主は「写真の加工はしてません」との回答。いやいや、これは老け顔の方が加工してあるのが丸わかりです。でも、薬事法の厳しさに悩む人の気持ちもわかります。使えない言葉が多い美容液の広告だけに、コピーライターやチラシ制作者が頭をひねって考え出した抜け道なんだろうなと同情します。

しかし、**「ウソ・大げさ・まぎらわしい」は、バレた時のダメージが大きい！**

人気の健康情報番組は、「納豆でやせる！」とデータを捏造して打ち切りとなりました。亡くなってもいない人を「霊視」して批判を浴びた、スピリチュアル・カウンセラーは、テレビで見る機会が減りました。ホームページの写真と実際の量があまりにも違う刺身盛りやステーキは、レビューサイトやブログで酷評されます。

「JAROコピー」に、**だまされないことはもちろん、うっかり使わないように気をつけてください。**では、ワークをやってみましょう。

問題

ミネラルウォーターのネット広告です。医薬品や特定保健用食品ではなく、単なる飲料です。次の広告文の中で、「JAROコピー」になっている部分に線を引きましょう。また、代わりの表現を考えてみてください。

毒素排出で疲れ知らずの体を作る！「魔法の水・デトックスウォーター」

天然ミネラルをたっぷり含んだこの地下水を、朝・昼・晩の3回、コップ1杯ずつ飲むだけで、内臓の細胞が活性化。老廃物がどんどん排出され、免疫力がアップして10歳若返った体に。「ガンが消えた！」「血圧が下がった！」との喜びの声が全国から殺到中！

解答例

薬事法は「医薬品以外の物に、医薬品のふりはさせないぞ」という目的で広告規制をしています。よって、効果効能や体の変化を直接的に表現できません。

「魔法の水」「最高の水」のように、最上級であると誤認させる表現は誇大表現です。「毒素排出」「デトックス」「免疫力アップ」は効果・効能なので書けません。「疲れ知らずの体を作る」「10歳若返った」も、体の変化を表しているので避けます。「朝・昼・晩の3回、コップ1杯ずつ」は、服用指示にあたるので飲料では使えません。「内臓の細胞」のように、特定部位だけに飲料が働きかけることはないので詳細な部位はダメ。お客さまの声でも「ガンが消えた！」「血圧が下がった！」はＮＧ。

今まで問題がなかった表現がアウトになることもあり、常に最新情報をチェックしなければなりません。私もクライアントの要望と薬事法の板挟みで悩む日々です。健康食品と化粧品を扱っている会社の方は、試しに「らくらく薬事チェッカー」(http://rakucheck.jp/yakuji/) を使ってみてください。株式会社ラベルバンクのサービスで、商品紹介文を貼り付けてクリックすると「薬事法に触れている部分」に色をつけて警告してくれます。60字を1日3回まで、無料でチェックできます。

さて、書き手としてはどうするか。
表現を封じられたところから、アイデアは生まれます。
飲料である原点に立ち返り、「ミネラル豊富」「おいしく飲める」点を強調します。

〔表現例〕
毎日ごくごく健康習慣！
現代人のためのミネラルウォーター「きれいな天然水」。
5年先の健康は、あなたが今日、口にした食べ物と水が作っている。
食事のお供にミネラルたっぷりの「きれいな天然水」を。
「70歳過ぎても若々しい母に勧められて、我が家でも飲み始めました」（35歳・主婦）
「職場で毎日3本は飲む缶コーヒーを、『きれいな天然水』に変えました。経済的かつ健康的と、妻にほめられました（笑）」（40歳・会社員）

直接表現をできるだけ避けて、「健康」という抽象ワードで包みつつ、お客さまの声を具体的にすることで「自分も飲んでみたい」と共感を誘います。みなさんは、言い換え表現を見つけられましたか？　複数の人でアイデアを出し合ってみてください。

この薬事法、大企業も悩まされています。

「広末涼子、浄化計画。」これは「からだ巡茶《めぐりちゃ》」（日本コカ・コーラ）のコピーで、「浄化」が薬事法に抵触するとして指導が入りました。「浄化」という言葉は、排出効果があるように感じさせるという理由。微妙なラインですよね。

他にも、薬事法だけでなく、景品表示法やJAS法など、商品により規定があります。最新の基準や類似商品の広告をチェックして、「JARO（に言いつけられるよ）コピー」にならないよう注意しましょう。いくら「ささるコピー」でも、実体がない「広告のお化粧」はネットで悪い口コミになって跳ね返ってきます。くれぐれもご注意を！

宿題

「しわを消す！　奇跡の美容液」を、薬事法に抵触しない表現に変えてください。

解答例

「マイナス５歳肌をめざす美容液」「ふっくらピーン！　肌リフト美容液」

直接言わずに、「若返る」「しわがのびる」イメージを誘う言葉を探します。

3 売りが見えない「詰め込みコピー」

私が一番多く書いているのは、企業や店舗のプレスリリースです。

プレスリリースとは、新聞・雑誌・テレビに送付する、A4用紙1～2枚程度の文章。広告ではなく、売り込み色をおさえた「ニュース素材」です。それでいて、インパクトが無ければマスコミの目には止まりません。ある新聞社のデスクは、「1日100枚近く届く。キャッチコピーだけ見て、1秒で捨てるか残すか判断する」と言います。私はその1秒に賭けて、キャッチコピーと本文を練り上げ、リリースの配信まで行います。

最初の原稿を提出すると、クライアントからこんな連絡が入ります。

「あの……書いていただいた原稿に、既存のサービス紹介も付け足してくれませんか?」

「別の部署から、来月あるこのイベントの告知も入れるように言われたんですが……」

どうせお金を払うんだから、いっぱい載せたい。
ネタのうち、どれかがマスコミの目に止まるかもしれない。

チラシ作成でも同様です。あの効果もこのデータもその商品も入れてください、と追加だらけ。書けるスペースは、限られているのに。

これが中小企業に多い「もったいない症候群」。費用対効果を最大にしたい気持ちは、私だって経営者、よくよくわかります。「こんなに払ったんだもの、もったいない！」

そんなに「もったいない」なら、プレスリリース代行のコストを削る方がおすすめです。自社で取り組めば、実費だけで済みます。自分でリリースを書いて、送りたい媒体の連絡先を調べてリスト化し、あいさつの電話を入れてから原稿を送るだけ。新聞や主要雑誌の連絡先は『マスコミ電話帳』（宣伝会議）に掲載されています。「無料　リリース　配信」で調べれば、タダでプレスリリースを配信・掲載してくれるサイトもあります。

それでも、私は「プレスリリース代行業」に依頼する意義はあると思っています。一つには「めんどくさい」の代行です。マスコミリストをこちらはすでに持っていますし、媒体情報にも強い。ＦＡＸ・郵送・ネット配信といった手段を使ってリリースを配信代行するので、頼んだ側は楽です。

そして、プレスリリースの執筆をプロに依頼するもう一つの利点は、「マスコミ視点」を得られること。たとえば私が、建築会社に「自社の建て売りプランも中古リフォームもオリジナル断熱材の情報もエコ推進活動も全部入れてくれ」と頼まれたら断ります。A4用紙1〜2枚にそれだけの情報を入れたら売りのポイントがぼやけてしまい、メディアへの掲載可能性が低くなるからです。

猛暑が話題になる時期なら、「猛暑に強い！　冷房費30％カットの断熱材」に絞った原稿にします。建て売りプランは、建築会社の所在地に応じた媒体選びをして、「高知県人の住みたい家を徹底調査！　○○建築プロデュース『高知の一戸建て』」を売りにします。

1回の原稿に盛り込みたい材料を、「建て売り」「リフォーム」「断熱材」「エコ活動」の4回に分けてリリースした方が効果的です。

広告も同じです。言いたいことを全部書くと、まとまりのない広告になります。**材料をすべて集めて机に載せ、その上で「絞る」「捨てる」作業が大事です。**欲張り広告やリリースでは、ストライクゾーンが広くなって誰の心にも届きません。捨てる勇気が、特定の人の「心にささる文章」を作ります。では、みなさんも「捨てる」練習をしてみましょう。

問題

居酒屋の広告文を、売りのポイントを絞って書き直してください。

２８０円居酒屋「うさぎ屋」

全１００種類のドリンクメニューと全品２８０円の多彩なメニューは、サラリーマンのちょっと飲みから合コン・女子会、会社の忘年会や新年会までさまざまなお客さまに喜ばれています。ジャズが流れる店内は個室とカウンター席が選べます。駅に近いので帰りも安心。宴会コースは現在キャンペーン価格の20％引きです。日本酒に詳しい店長と、元気なスタッフがお迎えします！

大げさに詰め込んでみましたが、これに近いぎゅうぎゅうコピーをよく見かけます。ちなみに「女子会」とは「女性だけの飲み会」のこと。リクルートの「ホットペッパー」を起点にブームになりました。解答は何種類も作れます。いくつか出しておきましょう。

解答1

甘いカクテルがうれしい！　個室が楽しい♪　女子会なら絶対「うさぎ屋」
全品２８０円だから、ヘルシーメニューもデザートもたっぷり楽しめます。
８月末まで女性グループは20％オフ！　急いで！

女性に絞ったものです。「ホットペッパー文体」を真似てみました。では、もう一例。

解答2

「日本酒党は肩身が狭い……」とお嘆きのあなたへ。
蔵元巡りが趣味の「うさぎ屋」店長セレクト！　貴重な地酒をご用意しました。
つまみはオール２８０円。日本酒を愛する方の晩酌居酒屋です。

きゃーきゃーと女子会をやっている横で、地酒をしみじみ飲むサラリーマン……店舗のコンセプトに難がありますが、その問題は横に置いておきましょう。「絞る」「捨てる」ことで特定の相手に訴えるコピーになります。「合コン」「新年会・忘年会」でも絞れますね。どのタイミングでどの題材を強調するか、販促と広報を連動させて年間計画を立てておきましょう。素材を捨てる時にためらうのは、顧客を取りこぼしたくないという心理が働くためです。商売人として、間違いではありません。それならば、1回のコピーで全員にアピールするのではなく、それぞれの顧客に向けたツールを作るべきです。一つ一つを、適切なタイミングで、届けたい相手だけに投げるのです。

「もったいない症候群」の症状が出てきたら、書き出すだけ書いた後に、優先順位をつけて「今、投げるべき情報」に絞り込んでください。

宿　題

自分が住む県の魅力を思いつくだけ書いた上で、夏休みに旅行へ行く観光客にアピールしてください。

解答例

「山登り、川遊び、海水浴。日本の夏遊び、全部あります。鳥取県」

（さらに絞る）↓**「海も、川も。初心者も、ベテランも。魚釣り天国、鳥取県」**

※私の実家は鳥取県。温泉や水木しげるロード、海の幸、山の幸、温泉があります。ここでは「夏らしい体験」に絞ってみました。自然が豊富な他の県でも、使えそうですね。

4 イケてるつもりの「すべりコピー」

この「イケてる」という言葉が、もはや滑ってる感がありますね。「すべる」とは、関西人が特に恐れる「ギャグや話がウケない状況」です。セミナー講師をやっている身としては、いつもどっと笑いが起きるネタで、会場が沈黙した時の冷や汗ったらありません。

「すべりコピー」が起きる原因の一つに、タイミングとターゲットとのズレがあります。

私は起業してから「上司」という人がいません。その代わり、「心の上司」を何人か持っています。そのうちの一人が、ホンダの創業者、本田宗一郎氏です。判断に迷うことに出会ったら、「宗一郎に聴け！」（呼び捨て失礼）を合い言葉に著書をひもときます。年齢層が高い経営者ばかりの講演で、本田氏や松下幸之助氏の話をするのは効果的です。50～70代の経営者からすれば、30代の私なんかひよっこ。会場には、腕組みしたオジ様達の「おぅ？　小娘がなんの話しやがんでぇ」という威圧オーラが漂っています。そんな時、名経営者の言葉を話に入れると、場が和みます。ファン同士の共通意識が芽生えるのです。

私は、「宗一郎愛」を二通りの言い方で表現します。

「尊敬する経営者は本田宗一郎さんです。あのハゲ頭にちゅっちゅしたいぐらい好き」

「尊敬する経営者は本田宗一郎さんです。もし生きてはったら、絶対に愛人になりたい」

なんて下品な言い方だ、とホンダ関係者はお怒りかもしれませんが、「色気とデザイン」を大事にし、真っ赤なスポーツカーで自動車業界に乗り込んだ本田さんなら、許してくれるはず。この２パターンの言い回しを用意したのには、理由があります。

私は日本人男性が中途半端に薄毛で悩むのが、ちょっと残念やなと思っています。ショーン・コネリーはハゲてからの方がセクシーです。丸ハゲの古今亭志ん生だって桂枝雀だって、キュートです。でも、一回ある会場で「ハゲ頭ちゅっちゅバージョン」の時、最前列に見事なハゲ頭の方（しかも商工会議所の重鎮）がいらっしゃったのに、口をすべらせてから気づいたことがあります。しまった、と思っても時はすでに遅し。運良く、その方は洒落のわかる方で、ご自分の頭をつるんと撫でて「うふふ」と微笑んでくださいました。

しかし、周りの会員の方が固まったのを見て、気をつけなければと反省した次第です。

「すべりコピー」はタイミングとターゲットのずれによって発生します。ですから、不特定多数の目に触れるコピーには気をつけなければなりません。自分は特定のターゲットをめがけて投げているつもりでも、受け取る人によっては不快感を与えてしまう。２００６年、ベネッセ・コーポレーションの育児雑誌「たまひよ」（『たまごクラブ』と『ひよこクラブ』の総称）が流したテレビＣＭが、放映中止になりました。赤ちゃんにパパとママがそれぞれチュー。そして夫婦がキスをする横顔がアップになります。そのキスシーンが生々しいと、クレームがついたのです。

「幸せ、かもね。」というコピーと内容は合っていたのですが、「母親」というターゲットとずれが生じたようです。タイミングも子どもと一緒に見る時間帯だったことから、苦情が殺到しました。

このように、メッセージを伝える時には「ターゲットにどのタイミングで届くか」を意識し、ずれを起こしていないかのチェックが必要です。次のワークで、「すべりコピー」を検証してみましょう。

問題

次のコピーは、今日、ネットで見かけた40代前後の男性向けセミナーのコピーです。すべっている単語に線を引き、別の表現で言い換えてみてください。

　貧乏父さん、あなたとは違うんです！
　金持ち父さんを目指すアラフォー男子のための
　1億稼げるサイドビジネス超速成功セミナー

『金持ち父さん　貧乏父さん』（ロバート・キヨサキ／筑摩書房・2000年）はロングセラーですし、この世代はヒットした時期を知っています。今や常套句にもなっていますし、この部分は問題ありません。ただし、20代から見ると古くさいでしょうね。「あなたとは違うんです」は、誰のセリフか思い出せますか？　2008年に福田康夫元首相が、辞任会見で言ってしばらくネタになっていました。そして、より問題なのは「アラフォー男子」「サイドビジネス」「超速成功」あたりでしょうか。

「アラフォー男子」は「アラフォー」が2008年、「○○男子」が2009年と、もう古い。そして「アラフォー女子力」なんて図々しく言える中年女性に比べ、40代男性に「男子」扱いはノリが軽すぎます。「サイドビジネス」は、最近では印象があまりよくありませんので「副業」「週末起業（週末だけの副業）」などの言い方が無難かと思います。「1億稼げる」「超速成功」も前に出た「JAROコピー」くさいですね。不況ニッポンの中、「1億稼げる」という単位は現実味がありません。2003年に『年収300万円時代を生き抜く経済学』（森永卓郎／光文社）がベストセラーになりました。2009年には『年収200万円からの貯金生活宣言』（横山光昭／ディスカヴァー・トゥエンティワン）がヒット。時代やターゲットに合わせた数字が存在します。

解答例

40代、教育資金と老後資金に不安はありませんか？
年収700万円の壁を超えたい会社員のための
ゼロから始める週末起業セミナー

前のキャッチの方が集客できるのに！　という方もいるでしょう。否定しません。ただ、**ズレや大げさをできるだけなくし、真剣に悩む人にささる商品やコピーを作るなら後者で**

す。40代男性の平均年収は６００万円前後なので、現実味があります。「ターゲット」と「タイミング」を外さないための読者研究については、第4章でくわしくお話しします。

宿題

60代、団塊の世代、老後の資金に余裕がある層をターゲットにした、「夫婦で海外旅行」を促すコピーと、ポスターに使う芸能人を考えてください。

解答例

「知らない国には、慣れた相手と行くのがいい。夫婦で行く海外旅行」

「『行ってみたかった』で、人生を終わらせない。60歳からの海外旅行」

女性…吉永小百合／竹下恵子など　男性…長塚京三／寺尾聰など

5 自分が見えない「オレ様コピー」

「ウチの商品は業界一。いい物だから売れないはずがない」
「これだけ機能があるんだから、それを書けば売れるに決まってる」

リリースやチラシの打ち合わせでこんな発言を聞くと、ため息が出ます。言葉の強さの程度はあれど、自信過剰な会社は未だに無くなりません。「これ世界初やねん」と言われた商品を検索して、一瞬で先行商品を見つけることもあります。それでも、なんだかんだ理由をつけてプレスリリースに「世界初」を入れてくれと言われます。しかし、マスコミは証拠がない事実を掲載しません。真実でないなら、入れるだけ逆効果なのです。

自分の会社や商品が愛しいのは当たり前です。でも、商品力を過信すると売れずに苦しむ結果になります。**「もっと差別化できませんか、市場は厳しいですよ」と伝えるのが、私の仕事です。**先ほどの「なんちゃって世界初」の会社であれば、先行事例に勝つアイデアを一緒に考えます。よりよい商品やサービスにしてから、世に出す経営者は大丈夫です。

一方で、「もうええ、ヨソのリリース会社に頼む！」とキレてしまう方もいます。

「オレ様コピー」は、ゴーマンで周りが見えなくなっているものばかりではありません。私のところにメールで来たＤＭがあります。少しアレンジしていますが、こんな内容。

「我が社ではお客さまの情報システムとそのマネジメントを最適化し、トータルでの有効性・信頼性・安全性を向上させるコンサルテーションをご提供しております。ＷＥＢソリューションの提案から構築まで、ＳＥＯ／ＬＰＯ対策なら弊社にお任せください。最適なプロダクツを組み合わせたソリューションでお答えします」

業界用語を使いまくって、顧客にまったく響かないコピーになっています。「使いやすくて安全で、問い合わせががっぽり増えるサイト作ってあげるよ」という内容を、わかりやすく伝える努力が感じられません。視点が自社目線＝「オレ様」でしかないのです。

もっとささやかな事例で、レッスンしてみましょう。

問題

美容院から来た年賀状の「オレ様コピー」部分に線を引いてください。


新年あけましておめでとうございます。

今年の「ラフィーネ」は創業3年感謝祭からスタート！

スタッフ全員が、笑顔でお待ちしています。

このハガキをご持参の方は全技術20％ off させていただきます（3月末日まで有効）

今年もどうぞよろしくお願いいたします。
※新年は6日（木）からの仕事はじめになっております。

実際に私の手元に来たハガキを、アレンジしたものです。一番もったいないのは「全技術20％ off」という言葉。「技術」は美容院業界の専門用語です。消費者視点に立てば、「カット・パーマ・カラーなど全メニュー」と言い換える方が親切です。「仕事はじめ」は自分たちが主体の言葉ですね。「オープン」の方がお客様視点です。「創業感謝祭」を使いたがる企業や店舗が多いのも不思議です。消費者にとってはどうでもいい話。割引の理由付け、社員の士気アップの効果はあるのでしょうが……。

住所表記や地図の入れ方、クーポンの表示にも「オレ様」が見え隠れしがち。地図の中の地名と住所を、英語で書いている美容院のチラシをもらったことがあります。「Douton-bori」って気取って書いてあるチラシを、「道頓堀」の「カニ道楽」の下でもらうマヌケさったらありません。デザイン性重視の地図は、細かい道をはしょるので迷子率が高い。最寄り駅の出口番号がないので、最短距離がわからない。情報に入れてほしい。英語の社名はふりがなを打ってくれないと、読みにくい。**「オレ様コピー」はとにかく無神経です。**

さて、先ほどの年賀状を「オレ様」ではなく「あなた様」コピーに変えてみましょう。

解答例

新年あけましておめでとうございます
今年もお客様の大切な髪を、ラフィーネにデザインさせてください。
◆カット＆パーマでお手伝い
この冬流行のカットは「小顔」に見えるゆるふわパーマ
〈カット＆パーマ　通常税込７０００円→このハガキ持参で５６００円〉
◆カラーリングでお手伝い

お好きな洋服や肌色にぴったりのカラーを、プロの視点でご提案
〔カラーリング　通常税込　５０００円→このハガキ持参で４０００円〕
※新年は６日（木）午前10時から営業開始いたします。
　年の初めのリフレッシュにお越し下さい。

「オレ様」にならないためには、顧客層にチェックしてもらうのが一番です。アンケートやモニターを使い、率直な意見をもらいましょう。私は、大阪の学力困難校を中心に進路講演を行っています。ある高校から、講演のアンケート用紙が返ってきました。

その中に1枚、忘れられないアンケートがありました。

「上から目線でバリむかついた」

ショックでした。他のアンケートは悪くなかったので、書いた生徒のせいにして忘れようとも思いました。でも、「バリむかつく」と思った彼女は、私のメッセージから耳をふさいでしまう。それでは、講演をする意味がない。どう言えば共感してもらえるんだろう。

相手の違和感を受け止めて、改善していく努力が仕事を磨きます。

「ダメコピー」とけなされることを、恐れないでください。相手の指摘を次に反映し、悔しい気持ちをエネルギーに変えてほしいのです。他人のコピーの欠点がわかる人は、いいコピーが書ける人です。第２章からは、お手本コピーを書くレッスンを始めましょう。

宿題

次のＩＴ会社のサイトの文章から「オレ様コピー」の部分を指摘してください。対象は社内の情報システムを導入したい、中小企業の経営者向けです。

話題騒然・クラウド導入実績業界ナンバー１！
オープンソースを使った低コストのイントラネット構築、エコに配慮したシステムの運用から問題解決型のマネジメントシステムの構築まで、業界随一の技術力を持つ弊社にお任せください。
※お問い合わせはフォームからのみ受け付けております。

解答例

全員がＩＴ用語に強いわけではありません。「クラウド」「オープンソース」「イントラネット」の解説を付け加えましょう。「フォームからのみ」も不親切ですね。

COLUMN 1

「チラシ呑み」のススメ

「どうやってコピー能力を鍛えたんですか」、という質問をよく受けます。

一つは、塾の国語教師という前職のおかげです。小学生に大学教授が書いた文章を理解させる仕事をしていましたから、難しい言葉を相手のレベルに応じて言い換える練習ばかり、日々やっていたようなものです。特に、子どもには抽象語が伝わりません。「がんばれ」という励ましは無意味で、「明日までに漢字を30個暗記しておいで、暗記の仕方はこうやで」と言わなければ、彼らは行動しません。子どもを勉強させて、合格させるのが仕事ですから、「心にささり、行動させる言葉」を磨いてきました。

もう一つ、商業コピーに強くなったのは、塾の校長時代に販促ツールを散々作ってきたからです。見よう見まねで必死でやっていました。特に、これといった本を読んだことも、セミナーで学んだこともありません。私の教材は新聞に入る「折り込みチラシ」や、家に届く「通販カタログ」でした。

生徒が帰り、他の職員も帰った深夜。塾の冷蔵庫に隠していたお酒をマグカップに注いで、チラシやカタログを机に並べます。業種は問いません。お酒をちびちび飲みながら、「このチラシうまいなー」「誰が買うねん、こんなん」の２つを、より分けていきます。いいチラシは、参考になります。ダメなチラシは、反面教師です。「可もなく不可もなく、でも買う気になれない」チラシが実に多い。割合で言えば、いいのが１割、アカンのが２割、どうでもいいのが７割という印象です。多くの企業や店舗が、この「無難なチラシ」で売り上げを伸ばしきれずにいるようです。

この本はキャッチコピーの本ですが、コピー以外の重要ポイントがあります。まずはデザイン。大前提として、売りの商品の選定、価格設定、投入タイミング、お得感の演出も大切。チラシにヒントをたくさんもらっていました。皆さんも、ぜひやってみてください。今日の折り込みの束を取り出し、最近来たＤＭを引っ張り出し、テーブルに載せます。スタッフとやれば、複数の視点が得られます。最近では、「楽天のランキングページ」を、呑みながら眺めていることがあります。売って売って売りまくる店長やコンサルタントの手法は、小さな工夫の宝庫です。

ただ、お酒で頭のねじが緩んでいるせいか、うっかり買わされることがあるので要注意。「楽天ランキング1位！　若ボディで年齢不詳の美しさを誇る、ウワサ年齢50歳の美容番長、シルク姉さん愛用の美容ジェル」８７００円也が急に家に届いたり、「緊急発売！ひやおろし飲み比べセット」６３００円也が、身に覚えがないのに到着したりしています。

自分が商品を買った際には、要因を３つふりかえるのも、商売センスを磨くのに効果的です。ＰＯＰが目に入ったから、メルマガのタイトルに引き込まれたから、量販店でスタッフの解説が丁寧だったから。冷静にふりかえると見つかるはずです。

買い物を「消費」で終わらせず、明日からの仕事の「投資」に変えるのは、ふりかえりの手間一つ。ぜひお試しを！

第2章

くどきコピーに学べ！

～売れるコピー７つの法則

1 「わかってるよ」の法則

第2章では、お客の「目に止まる、心にささる、行動させる」良質なコピーを「くどきコピー」として、書き方の基本法則を説明します。

基本コピー
「わかっちゃいるけど　やめられない」［『スーダラ節』青島幸男］

昭和の名コメディアン、植木等さんの代名詞とも言えるフレーズで、未だに使われています。『わかっちゃいるけど、痩せられない〜メタボの行動経済学』（古川雅一／NHK出版・2008年）は、このセリフをもじった本のタイトル。他にも、タバコや悪い生活習慣について「わかっちゃいるけど　やめられない」を組み合わせた文章を見かけます。

人は意志の弱い生き物。「ダイエット中なのにまた食べちゃった……」という罪悪感を「わかってるよ」と言い当ててくれるコピーに、人は引きつけられます。「僕は君の理解者だ」という態度は、他人をくどく基本法則です。恋愛の場面で使うなら、こんなセリフ。

「今、（　　　　　　）って思ってるでしょ」

この空欄に入れる言葉は、相手の気持ちを読んで探します。表情・仕草・状況から読み取って、言い当てる。試してみましょう。「部長のバカヤローって思ってるでしょ」と、愚痴を引き出して飲みに誘う。「帰りたくないって思ってるでしょ」と、彼女の本音を突いて、部屋に誘う。読みが外れた時は、責任持てませんが……。「わかってるよ」の法則は効果的です。「今、高いなぁって思ってるでしょ」を、私は進学塾の営業面談で使っていました。

「塾って高いですよねぇ。特に、ウチは高い方やと思います。長時間授業が売りなんで、月の金額が高めになっちゃうんですよね。１時間あたりで見ると、実は他の塾より安いんです。他に迷ってる塾があったら、ぜひ体験授業に行ってくださいね。しっかり比べた上で決めてください。納得して通ってもらわないと、成果も出ないんですよ」

これをコピーに応用すると、

「○○塾って高い?」——その通りです。
○○塾が高い理由は、質の高い講師陣と長時間指導にあります。
宿題は出さない、塾でやりきる。合格まで、とことん付き合います!

「高いなぁ」と思う親の心理を先読みして、こっちから言う。本音を言い当てられて、読み手は驚く。続く文章で理由を解き明かせば、納得の行く値段になります。もしくは、「高い」という障害を取り除くために、分割払いや奨学金制度を設けるのもいいでしょう。お客の悩みに知らんぷりするのではなく、「わかってるよ」と示す態度は印象アップ!「私のことわかってる!」と思わせるのは、基本の「くどきコピー」です。では、次のパターンに当てはめてみましょう。代表的な型は、第5章でもう一度まとめます。今は気軽に読み進めてください。

①「心の声」を代弁する

［例］「今月も、また赤字になりそう。どうしたらお金が残るんだろう？」

その悩みに、○○がお答えします。

↓家計簿ソフト、マネー講座、住宅ローンの見直し、保険の見直しのコピーに

②「○○な人」と名指しする

［例］「笑顔が作れないほど、疲れている人へ」

○○で元気と笑顔を取り戻して下さい。

↓高品質ベッド、栄養ドリンク、マッサージ、お酒、飲食店のコピー

③「自分も同じだった」と語る

［例］先生は、通知表に「1」がある落ちこぼれだった。

今できないことは、恥ずかしくない。今やらないのは、もったいない。

↓塾、予備校、家庭教師

「わかってるよ」の法則でコピーを作るには、相手を知る必要があります（第4章で詳しく書きます）。読んでいる人が「そうそう！」とうなずくポイントを、必ず入れるようにし

てください。営業トークでも同じです。優秀な営業マンは、話を聴いていると「ちょっと、どこでウチの会社のこと調べたん？」と尋ねたくなるほど、悩みや願望を先回りして言ってくれます。**①「心の声の代弁」**、**②「○○な人と名指し」**、**③「自分も同じ」**を使って、お客様の共感を誘いましょう。説得力が一気に増します。

ちなみに③の例文は私のことです。

「ヤンキー先生」や「オール1先生」は「オレにもできた、君にもできる」と特定の層にアピールする力を持っています。落ちこぼれの惨めさ悔しさ、「わからないところがわからない」もどかしさを知っている教師は、成績が苦しい生徒の指導に向いています。

自分の悩みや体験から生まれたビジネスは、ずば抜けて説得力があります。「わかってるよ」の法則を活用する前に、自社商品・サービスを使ってみる。「助かった」「役立った」「いい！」と思えるか。自分がターゲットに該当しなければ、モニターを活用します。

私は以前、買う予定のまったくなかった商品を買ってしまったことがあります。それは、2歳の娘に壊されたメガネを、調整しに行った眼鏡店でのことです。

店員はメガネの調整待ちの私に、形状記憶型の新商品を見せて言いました。

「子どもってメガネ触りたがりますよねー。ウチの兄には双子の男の子がいるんですけど、このメガネにしてから壊れなくなったで～と、めっちゃ喜んでますよー」

この店員は、自分に子どもはいないけれど「メガネ親」であるお兄さんを活用して話しかけてきました。お兄さんの悩みは、私の悩み。共感してしまい、つい買ってしまいました。「わかってるよ」の法則、さっそく使ってみてください。

宿題

スポーツクラブのキャッチコピーを考えます。

中年男性・太り気味の男性の本音を想像して、「　　」に言葉を入れて完成させてください。

「　　　　　　　　」と悩むあなたに。

会社帰りの1時間、○○スポーツクラブで体が変わる！

解答例

やせたい、でも、ビールはやめたくない／このお腹、そろそろヤバイ

2 「泣かないで」の法則

お客の悩みや本音を代弁する「わかってるよ」の法則の後は、その悩みをやさしく解消してあげましょう。2つ目の法則は「泣かないで」の法則です。

基本コピー

「0120−797（泣くな）−797（泣くな）過払い金はITJにお任せください」［弁護士法人 ITJ法律事務所］

電話番号が借金で「泣くな、泣くな」よしよしと言ってくれています。「過払い金」とは、借金の返済を続けてきた人が、規定より多く返済しているケースのこと。弁護士事務所が貸し主と交渉して、払い過ぎた分を取り返してくれるサービスです。

借金に悩む人に「泣かないで」と伝えて、助けになりますよと声をかける。真剣に悩んでいる人が多いだけに、他社の広告も優しさに満ちています。「一人で悩まないで！」「無料相談実施中」「家族に内緒で借金整理」……2010年6月からは借金の総量規制も始まります。年収の3分の1以上は、借りられない。また、専業主婦（主夫）は借りにくくなります。この規制により、ヤミ金融に走る人が増えたり、借金苦による自殺者が増えたりするのではないか、と言われています。「今こそ債務整理で生活再建を！」と、弁護士事務所や自治体の呼びかけが、目につくようになりました。

自社商品・サービスが消費者の悩みを解決するものなら、「泣かないで、解決してあげるから」と声をかけてあげましょう。まさに「くどきコピー」。恋人が泣いている時、どんな声をかけますか？

「もう泣かないで、」

「ずっとそばにいるから」「幸せにするから」とプロポーズされれば、ぐっときますね。「つらいときは電話して、すぐに行くから」も行動的で頼もしい。同じように、顧客の悩みに「解決してあげる」と伝えると、効果的なキャッチコピーになります。

では、生命保険の営業マンに「泣かないで」とささやいてもらいましょう。

「お子さんが小さくて、自営業をされている……不安ですよね。倒れたら収入がなくなると悩む方、多いんです。それに、最近では入院日数がどんどん減っていて、自宅で療養するケースが増えてきました。そうなると、医療保険の入院保障も出ないんですよ。家で療養中、会社員と違って有給休暇がないのが、自営業の悩みですよね。そんな方には、この保険が本当にオススメです。医師の診断書が出れば、自宅療養中でも1日5000円の保険金が支払われます。あと、お子さんが大学に行くまでの学費を考えると、5000万以上の死亡保障があれば、万が一の時に備えられます……」

まさに私の悩みである「倒れたら終わりの自営業」「子どもの学費」「在宅療養の場合の生活費」をよーしよし、泣かないでちょうだいと言われているような営業トークです。これをキャッチコピーにしてみましょう。

「明日倒れたら、どうしよう……」
月々4000円～で、今と未来の安心をお約束します。
もう悩まない！　自営業者のための「これであんしん保険」

自営業者の心の声（悩み）に対し、安心を提供しています。このように、借金整理や生命保険といった、不安や悩みを解消するタイプのビジネスは、儲かります。おすすめはしませんが、健康やお金の不安をやたらと煽るキャッチコピーは、詐欺師の基本テクニックです。「水道水が危ない」「電磁波で子どもがバカになる」……不安になった消費者を、売り手は優しく抱きとめます。「このミラクル浄水器を買えば」「この電磁波防止ブレスレットをつければ」大丈夫だよ、もう泣かないでね、と。悪用はいけませんが、「くどきコピー」として「泣かないで」の法則は王道です。

では、皆さんもお客様をくどいてみましょう。

①「もう悩まない」を言葉にする

［例］　ダイエットでもう悩まない！／人生最後のダイエット計画／お金に悩まない暮らしをしよう（債務整理・金融商品・家計相談など）／一生安心の家（リフォーム・住宅）

②元の状態、正常な状態を取り戻す

［例］　あなたの笑顔を取り戻したい（健康食品・カウンセリング・債務整理）／家族の会話を取り戻そう（住宅・リフォーム・旅行など）／あったはずのくびれを、もう一度！（ダイエット食品・スポーツジム・エステ）

③パートナーやアドバイザーになる

［例］　生活改善アドバイザー（スポーツジム・栄養士・マッサージ師）／教育コンサルタント（塾・家庭教師）／家計のかかりつけ医（フィナンシャル・プランナー）

「泣かないで」の法則は比較的簡単。顧客の悩みが前提にあるので、解決策とその後の安心をセットで表現します。相談しやすいイメージ作りも重要。専門性を打ち出す、電話やメールで相談を受ける、親身な印象を与える写真や決まり文句を使うなど、細かい工夫を重ねます。

私は塾の講師だったので、親の不安と向き合うのが仕事でした。保護者からの電話に出る時は、「はい、○○塾でございます」の後に次のセリフをつけるようにしていました。

「どうされましたか？」

どんなに忙しくても、できるだけのんびりした、落ち着いた声で出るのがコツ。保護者がわざわざ電話をしてくるのは、悩みやクレームがある時です。そして、ネガティブな内容は、話し出すきっかけが難しい。「どうされましたか？」は、「ぜひご相談ください」と同じ意味なのです。あなたの会社は、そしてあなた自身は「ウェルカム」のメッセージを発していますか？　「子どもが何も相談してくれない」と訴える親は、子どもに「話しかける隙」を見せていないことがあります。部下に相談されない上司も同じ。相談されやすい雰囲気づくりが重要です。

「泣かないで」の法則を使う時は、無料相談やメールでの問い合わせなど、悩みを打ち明けやすい環境と合わせ技で、使ってください。

宿題

社員教育に悩む経営者向けに、研修会社のキャッチコピーを作ってください。

「　　　　　　　　　　　　　　　　」

解答例

社員研修のご相談は○○教育サポートまで

もう人材不足で悩まない！　御社の社員はまだまだ力があります。

3 「幸せになろう」の法則

「泣かないで」の法則は、今悲しんでいるマイナスの状態を、正常な状態に戻してみせます。次の「くどきコピー」は「幸せになろう」の法則。現状よりもっとプラスの状態を作る商品やサービスを、言葉の力で売ってみましょう。

基本コピー

なんで私が東大に？　【四谷学院】

東大に行けるはずがなかった私が、まさかの逆転合格。夢みたい！　ありえない！　そんなキラキラの未来が、私にも起こるかもしれないと思わせてくれる。その理由を、身を乗り出して聞きたくなる。名コピーです。私が高校生なら、このコピーだけで四谷学院に通いたくなるでしょう。「なんで私がモデルに？」「なんで私がセレブに？」「なんでオレが社長に？」……いくらでも作れそうです。しかし「東大」の部分が、マイナスワードになるとコピーの威力が急になくなります。「なんで私が浪人生に？」予備校選びが悪かったんですね、としか言いようがありません。あくまで「幸せな未来」を描きましょう。

「マズローの段階欲求説」という、人間の欲求を5段階に分けた有名な説があります。

第1段階　生理的欲求（お腹いっぱいでひとまず健康）
第2段階　安全の欲求（悩みや不安がなく、落ち着いている）
第3段階　親和の欲求（一人はいや、みんなと仲良くしたい）
第4段階　自我の欲求（ほめられたい、役に立ちたい）
第5段階　自己実現の欲求（自分の能力を社会で活かしたい）

「泣かないで」の法則は、第2段階までの人への「くどきコピー」です。「幸せになろう」の法則は、第4・5段階を目指すものです。第3段階の「親和の欲求」は、人と仲良くなれず悩んでいる人と、より活発なコミュニケーションを取りたい人では効く言葉が異なります。「幸せになろう」の法則は、人に認められたい、もっと活躍したい欲求に訴えます。40代向け女性誌『美STORY』（光文社）のキャッチコピーは、「**ニッポンの40代はもっともっと美しくなる！**」。あなたもこの雑誌を読んでキレイ＝幸せになろうとくどいてきます。手元にある8月号の特集を見ると「人生変える！　読者ヌードです」「愛も女も磨かれる！　〝えっちコスメ〟使用報告」「メークで『大人ガーリー』大変身！」と、「人生変える」「磨かれる」「大変身」と夢のあるキーワードが躍っています。

あなたが「幸せになろう」を好きな相手に伝えるなら、どんな夢を見せますか？　第4段階の欲求「自我の欲求（ほめられたい・認められたい）」に答えてみましょう。

「僕は君を（　　　）」

「世界中に自慢したい」と言えれば文句なし。「世界中」が大げさなら、「友だちに自慢したい」でも十分に彼女の自尊心を満たします。第4段階でなく、もう少し素朴な第3段階「親和の欲求」に答えてもいいでしょう。「僕は君を、毎日笑わせたい」。楽しく穏やかな未来を約束するのも、効果的です。

営業トークで考えてみましょう。ここは「ちょっとした幸せを言葉で売る天才」、ジャパネットたかたの高田社長がノートパソコンを売るセリフをご紹介します。

「たとえば北海道にいるお母さんに送ってあげたいとか、九州にいるお婆ちゃんにパソコンを学んでほしいとか。……そしたら九州のおばあちゃん家《ち》まで専門家が行くんですよ！　無料でネットにつないで使えるようにするんです。これはスゴイことですよ！（スペック説明）今回は、ダブル設定。というのはね、インターネットというのはケーブルが無いとできない。でも、無線ＬＡＮにしますと、ケーブルが無いから台所に持って行ったり、お休み前に2階の部屋でね、お休みになる前にしゅっとインターネットしたり、お孫さんとお話ししたり……（中略）この無線ＬＡＮの設定も無料の、ダブル設定なんです！」

高齢者の「パソコンなんて使えるかしら」という不安を解消しつつ、「寝る前にネットを通じてお孫さんと会話」という小さな幸せを描いてくれます。また、離れて暮らす親や祖母にささやかな幸せをプレゼントしたいと思う、子どもの心にもアプローチしています。

ジャパネットたかたのノートパソコンセットは、初心者安心の設定無料！
離れて暮らすお孫さんと「ネットで会話」はじめませんか？

これは、私がまとめてみたコピーです。高田社長の熱っぽいトークを凝縮するのは、なかなか難しいですね。「幸せになろう」の法則をまとめてみましょう。

①具体的な幸せを描く

［例］冷えたビールをプシュッ。46インチの大画面テレビをピッ。甲子園球場をひとりじめ。（薄型テレビ）／食後のおしゃべりが、我が家の新習慣。（食器洗浄機）

②憧れワードを使う

［例］セレブ／エグゼクティブ／リッチ／ラグジュアリー／贅沢／高級感／女優／モデルお姫様／社長／デキる／カリスマ〇〇／一流／エリート／東大生／プロ級など

③体験談を使う

［例］「同窓会で『肌がキレイ！ 何を使ってるの？』と質問攻め（笑）」（美容液）／「憧れの車が納品された日。家のガレージで1時間見つめていました」（高級自動車）

「幸せになろう」の法則は、ターゲットの「ちょっと上」の理想を提示するのがポイントです。「格上げネクタイ」を買った男性は、品格がほしい。エリート、リッチ、セレブ。どれも「俺だって」と思うからこそ、憧れる。仕事で認められたいから、「デキる」「一流」「プロ」に惹かれる。皆さんが憧れているものは何ですか？

ただし、販促の際に注意しておきたいのは「タイミング」。その時期に、憧れる人が多い商品・サービスがヒットします。「庭付き一戸建て」がサラリーマンの夢だった時代は、去っています。海外旅行は、どこが憧れの土地でしょうか？　どの会社、どの業種に入ることが、憧れでしょうか。「旬の幸せ」にアンテナを立てて、コピーに活かしましょう。

宿題

40代男性向けに、初心者ギター教室のキャッチコピーを作ってください。

「　　　　　　　　　　　　　　　　　　　　　」

大人のための○○ギター教室

解答例

弾ける親父は、カッコイイ。／憧れのギターソロが、半年で弾ける！

4 「オレに決めなよ」の法則

消費者の悩みや欲求に響くコピーが書けたら、つかみはクリア。消費者は次に「比較」という行動に入ります。その時、「オレに決めなよ」とアピールしてくる、頼もしいコピーがほしいものです。

基本コピー

格安レンタカー革命！　12時間乗り放題2525円より［ニコニコレンタカー］

ちょっと車を借りようと「レンタカー」で検索します。テレビCMを打つような有名な会社が並ぶ中に、見慣れない「ニコニコレンタカー」の名前。もしこれが、「レンタカー乗るならニコニコレンタカー」というコピーなら、おそらく消費者の選択肢には入らないでしょう。サービス内容や価格で差がなければ、知らない会社より知っている会社の方が安心です。**零細・中小企業が大企業と戦う時は、サービス・商品を企画する時点で「選ば**

れる理由」を用意しておき、それを強いキャッチコピーで伝えなければ勝てません。

「格安」「12時間乗り放題」この2点は、消費者にささります。別のコピーには、「激安」の文字。常識破りの価格「2525円」を記憶づける「ニコニコレンタカー」のネーミング。なぜ安いのかの理由は、チラシやサイトで明かされます。「ガソリンスタンドなど今ある店舗設備と、良質な中古車を有効活用することで大幅にコストダウン。ドライバーにうれしいエコ＆激安価格を実現しました」。2008年にサービス開始、2010年夏には400店舗を突破する、日本最大のレンタカーネットワークに育ったのも納得です。

このコピーの中で一番「オレに決めなよ」が強く出ているのが、「レンタカー革命」です。「革命」とは、今までの常識をひっくり返す大変化のこと。「戸建てリフォーム革命一棟まるごとリフォームの新築そっくりさん」（住友不動産）、「CD収納革命」（ディスクユニオン）、「日本語・英語活字カラーOCRソフト　読取革命」（パナソニック）。ヨソとは違うぞという心意気を感じます。

「僕が一番、〔　　　　　〕」

好きな人に向かって、「自分を選ぶべき理由」をアピールできますか？　具体的なセールスポイントなら「金を持ってる」「イケメン」「頭がいい」。直接的すぎますね。わかりやすい一番がないなら、作ればいいのです。恋人にとってあなたを選ぶメリットとは。お金でも顔でもなく「僕が一番、君を理解している」「君を大切にする」「愛している」ことなら、アピールできませんか？

「我が社は大きな会社ではありませんが、その分、お客様の要望をすぐ形にするフットワークの軽さが売りです。たとえばこのキッチン。ダンナ様が料理をする時に、低くて使いにくいとおっしゃるご家庭がありましたので、高さの調節機能を追加しました。どんな小さなご要望でも、お伝えください。実現に向けて全力で知恵を絞ります！」

リフォームや住宅といった大きな買い物をする時、決め手になりそうな営業トークです。徹底した顧客対応で実績を伸ばした電気店・株式会社ヤマグチのキャッチコピーは「あなたの街のでんきやさん!!　でんかのヤマグチはトンデ行きます!!」。先ほどのリフォーム会社の営業トークを、コピーにまとめてみましょう。

「小さな会社だからできること。『暮らしやすさ』をとことんかなえる○○リフォーム」

競合相手を落として自分を上げる販促は、日本人にはなじまないようです。「大会社ではダメ」というネガティブな言い回しより「小さな会社だから」とプラスに変える、「こんなにしてくれるの？　お客様が驚いた○○リフォーム」と、他社ではできないことを暗示する方法があります。

小林製薬は「ナイシトール85」のヒットで知られています。CMをよく見かけるため、大きな会社に見えますが「風邪薬」は作っていません。大手が多数参入する商品で戦うより、「のどぬ～るスプレー」や「熱さまシート」といった風邪に役立つ衛生商品やグッズで参入する。小林製薬のコーポレート・メッセージは「あったらいいなをカタチにする」。小回りが利くニッチ企業としての自社の立ち位置を、効果的にアピールしています。

では「オレに決めなよの法則」を3つにまとめてみましょう。

①「今までにない」を強調する

○○革命、○○維新、ありえない○○、今までにない、世界初・日本初・業界初、○○の常識を変えた！　○○の新常識、本当の○○を知っていますか

（例）「ありそうでなかった脚立」（長谷川工業）

②「一番」をアピールする

世界一、日本で一番、業界一、地域ナンバー1、ランキング1位、一番売れてます、シェアナンバー1、圧倒的、ダントツ、驚きの、プレミアム、最高品質

（例）「コピー機の安値業界1位に挑戦中！」（オフィスNo.1）

③「選ぶあなたは賢い」を伝える

賢い○○選び、賢者の○○、プロが選ぶ○○、後悔しない○○、失敗しない○○、本物志向の○○、エグゼクティブが選んだ○○、世界が認めた○○

（例）「違いがわかるあなたへ　ネスカフェゴールド」（ネスレ）

長いコピーが使える時には、「○○が選ばれる5つの理由」として他社と違う点、努力している点を列挙してみましょう。図を使える場合は、他社と機能や料金を比較して並べるのもおすすめです。私も自社サービスであるプレスリリース代行を、他社の比較表に並べられたことがあります。料金が一番高く出され、売りである細かい顧客サービスはカットして掲載。「一番ダメなサービスに見えるやん！」と落ち込んだものです。

比較広告は、一度作ってみると自社の強み・弱みがわかります。それぞれの会社が得意な面を磨いて、業界を活性化することも必要です。ベンチャー企業専門、WEB媒体専門、テレビに強い広報会社など、各社が個性を打ち出す中、私も負けずに「中小企業専門・プロライターが書くプレスリリース」の旗を振ってがんばっています。「あなたに決めた」と言ってもらえる、自社の強みと弱みを、キャッチコピーを考えながら見直してください。

宿 題

栄養士が考えた健康的なコンビニ弁当のキャッチコピーを考えてください。

「　　　　　　　　　　　　　　　　　　　　」

解答例

コンビニ弁当の常識を変えた！　栄養士が作った「カラダにいい」弁当

5 「彼はイイやつだよ」の法則

先ほどの「オレに決めなよ」の法則も、自己申告だけでは信頼性に欠けます。「自称カリスマ」って、カッコ悪いですよね。そこで使いたいのが「他人褒め」です。

基本コピー

「あの藤原○香も愛用！　美容クリーム」【ネットショップより】

ネットショップを楽しんでいると、こんなコピーをよく見かけます。伏せ字にしているのは勝手に使っているから。タレントが紹介した商品を売りたい場合、ネットショップやキーワード広告への名前使用許可は、取るのが筋です。メーカーが許可を取っていれば、小売店も使えますね。私は関西人ですので「上沼恵美子も絶賛！」とＰＯＰに書かれた食材を、うっかりカゴに入れたことがあります。

自社や商品のいいところを、他人に紹介してもらう。名付けて「彼はイイやつだよ」の法則。探してみましょう。

「ハリウッドのメイクアップ・アーティスト御用達の化粧筆」として有名になったのは、広島県の小さな町にある株式会社白鳳堂。地元の伝統工芸品である毛筆の加工から事業をスタートし、化粧用の筆ブラシに手を広げました。職人が丁寧に作ったブラシが、世界の化粧筆のシェアナンバー１になったきっかけは、社長がＭＡＣというカナダの化粧品会社に売り込んだこと。白鳳堂のブラシはＭＡＣブランドとして、ハリウッドのメイクアップアーティストの間で話題を呼びます。「ＭＡＣのブラシはいい」「日本製らしい」と口コミで広まり、白鳳堂のブラシの評価は日本に逆輸入されたのです。

この話には、続きがあります。山形県で高級ニットを製造していた佐藤繊維では、売り上げ減に悩んでいました。ある日、経営者の佐藤正樹氏はテレビで白鳳堂の話を見て、ひらめきました。「そうだ、日本でダメなら世界に売り込もう！」と、イタリアの展示会に出展。そこでブランド「ニナ・リッチ」のデザイナーに採用されました。そして、佐藤繊維の糸を使ったカーディガンを羽織ったオバマ夫人が、大統領就任式に登場したのです。黄緑色で上品なモヘアのカーディガンを、覚えている方もいるでしょう。佐藤繊維は、

「オバマ夫人愛用のニット」として名前を世界に広めました。（『日経トップリーダー』2010年4月号）

どちらも、確かな商品力があってこその事例です。「他人褒め」を得るには、それだけ中身を磨かなければなりません。

これは恋愛の相手を見極める時にも有効です。異性も同性も「他人からの評価」、つまり「知人・友人とのつきあい方」に、人となりが表れます。同性の友だちが多い、または多くなくても信頼の深いつきあいをしている人は、信頼できます。一方、やたらと大物の名を出して「知り合いなんですよ〜」と、人脈自慢をする人は底が浅そうですね。私の夫は「幼稚園時代の友だちがしょっちゅう遊びに来る」という点で、悪い人間ではないなと思いました。

営業トークで「他人褒め」を活用するのは簡単です。有名人や権威のある人が勧めてくれていれば、その内容を盛り込むだけ。誰もいなければ、「自分」に褒めてもらいましょう。「えっ、それって自画自賛じゃないの!?」

いいえ、「自称カリスマ」とは、使い方が少し違います。「商品の作り手・売り手としての自分」ではなく「一ユーザー」として、素直にコメントしてみましょう。

「仕事のイス一つで、疲れ方って変わりますよね。『疲れないイス』が作りたくて、整骨院の先生とオリジナルのオフィスチェアを共同開発しました。もう1ヵ月使ってますが、感激ですよ！　私は腰痛持ちなので、仕事が終わるといつも腰がだるくなってたのが無くなりました。自宅用に、もう一つ自腹で買ったほどなんです」

自分で買いたい、愛用したい商品の感想をストレートに述べて、コピーにしましょう。

「腰痛持ち店長が惚れ込んだ！　疲れないオフィスチェア」

アップルのCEO、スティーブ・ジョブズはマックブック・エアというノートPCを発表した後のインタビューでこう答えたそうです。

「列の先頭に並んで、まっさきに一台買うよ。ず～っと欲しくてたまらなかったんだ」

聞いている方も思わず欲しくなるコメント。自社製品の一番のファンになれれば、幸せですね。

「アイツはいいヤツだよの法則」を3つにまとめてみましょう。

①「他人の影響力」を借りる

マスコミで紹介された、○○新聞掲載、歯科医・医師・専門家がすすめる○○、上場企業で採用、プロ仕様、宮内庁御用達、スポーツ選手が通う○○

［例］「カリスマ美容師プロデュース　業務用ヘアアイロン」　※複数商品あり

②「身内の声」を活用する

スタッフによる人気投票№1！／社内にも愛好者続出／当店バイヤー○○が惚れた〜当店スタッフ○○イチオシ！／「理想の〜を作りました」（開発担当○○）

［例］「店長、座右の一枚。僕はまだ聞いたことないです、正直。」（ヴィレッジ・バンガードのＰＯＰ）

③「お客様の支持」を使う

89％を超えるリピート率／95％のお客様が満足！／当店売れ筋ランキング1位、愛されて○年のロングセラー／喜びの声が全国から／成功者続出の○○

［例］「親子二代とも、○○工務店で家を建てました」（お客様の声）

「彼はいいヤツだよの法則」は、「誰に言わせるか」で客層が変わります。最も売り上げが上がる、使ってほしい、顧客の好きな人を探してくるのがコツです。

書籍には、帯に推薦文を使って「これ、いい本だよ」と薦める手法があります。ベストセラーになった『東京タワー～オカンとボクと、時々、オトン』（リリー・フランキー／扶桑社・２００５年）には、小さな文字でびっしりと、書店員から有名人まで複数のコメントが掲載されていました。「福山雅治」で買う気になるか、「福田和也」に目が留まるか。紹介者の中に自分が好感を持っている人を見つけると、心が動きます。**複数の人に紹介させれば、顧客の幅が広がります。**

「弁護士推薦」を使う時でも「ベテラン弁護士」「テレビで人気の弁護士」「伝説のカリスマ弁護士」と言葉の強さを変えることで、ささる客層が異なってきます。顧客研究を通じて、ぴったりの推薦人を探してください。

宿題

25歳の社会人男性に、「デキる男のスーツ」を売る時、推薦人にふさわしい人を３人探してください。有名人でなくても構いません。

解答例

20代の清潔感のある男性タレント（向井理・小栗旬など）／ＯＬイメージの女性タレント（上戸彩・加藤あい）／上場企業の部長など、上司世代の一般人

6 「ホントはね……」の法則

「安かろう悪かろう」という言葉があります。「タダほど高いものはない」とも。激安や無料サンプルには、裏があると考えるのが普通です。顧客との信頼関係を築くには「ホントはね……」と事情を打ち明けるのが効果的。「無料お試しセット」を提供している会社の事例を見てみましょう。

基本コピー

「ドモホルンリンクルの会社は、恥ずかしいところも隠しません」【再春館製薬所】

この文字に続き、画面に現れるのは返品された箱の山。

「過去の過ちを隠しません。見学にいらした方にまずお見せするのは、かつて売り上げ市場主義に走った結果寄せられた返品の山。自らへの戒めとして、常に目に触れるところに展示しています……」

実際、再春館製薬は1993年に受注方針の大改革を行っています。電話によるセールスが行き過ぎて、結果的に「いらないものを買わされた」と返品が相次いだためです。

その過去の傷を、あえてテレビCMで打ち明ける。CMにお金をかけるのだから、商品を売りたくてたまらないはずです。そこをぐっとこらえて（もちろん、新商品のCMも打っていますが）、会社への信頼感を高める演出を優先する。ここまで正直に告白されれば、安心して「無料お試しセット」の請求ができます。**CMが伝える「誠実さ」に反応するのは、美容にお金をかけられる所得層。**一見、売り上げに直結しないCMがじわじわと浸透し、ドモホルンリンクルのファンを育てていきます。

この「ホントはね……」の法則を活用している会社に、ライフネット生命保険株式会社があります。戦後初、日本国内では74年ぶりに設立された独立系生命保険会社です。

通常、契約後にしか見られない保険の約款をウェブで公開しているのみならず、生命保険の手数料部分「付加保険料」と原価部分「純保険料」の比率を全面開示。自分の払った保険料が、どれだけ会社の運営に回されているのか、保険料として加入者の役に立っているかを公開したのです。これは、閉鎖的な保険業界では画期的なこと。副社長が書いた『生命保険のカラクリ』（岩瀬大輔／文春新書・2009年）では、保険業界の仕組みを解き明かしています。

こうした業界事情を打ち明けた上で、自社の方針をアピールすれば消費者の信頼を得ることができます。ライフネット生命保険のサイトには、「だれも教えてくれなかった『生命保険の選び方』」というコーナーがあります。「入院保障は一日いくらあれば足りるか」「ガン保険は必要か」といった、本音の内容です。

このコピー、他の業界でもあてはめることができますね。

「だれも教えてくれなかった（　　　　）」。

私が指南できるとすれば「だれも教えてくれなかった塾の選び方」「アイデアの出し方」でしょうか。あなたの会社に出せる情報があれば、公開してみましょう。

ただ、実際にライフネット生命保険に申し込んで、冷たい定型メールで断られた時は、ショックでした。安い保険料を実現するには、審査が厳しくなる。人件費をカットすると、対応がシステム頼りになってしまう。いいことばかりではありません。旧来の「顧客と対話をしながらプランを組む」保険営業にも存在意義はあります。その場合も、やはり営業担当者の「ホントはね……」がものを言います。「いやー、ホントはノルマに困ってまして」という売り手の「ホントはね」はどうでもいい。「この特約はお客様の年齢なら不要です」といった、消費者に「本当に役立つこと」を伝えて、信頼関係を作ります。

恋愛の場面の「ホントはね」は、自己開示と呼ばれるもの。彼や彼女に、ぽろっと弱音を吐かれると愛しく思える。または、相手に悩みを打ち明けられると、自分も心を開く。先ほどの「ノルマがきつくて」という泣き落としも、使い方次第で顧客の心を開きます。

スイーツのネットショップで、泣き真似をする店長の写真の横に**「仕入れすぎました！」「こんなにおいしいのに……規格外なので店頭で売れません！」**のコピー。このように本音を明かした「わけあり商品」は大ヒットしました。消費者は「安かろう悪かろう」を恐れます。この場合、「なぜ安いのか」という理由を店舗が打ち明けているため、安心して買うことができるのです。

百貨店の日本酒コーナーに立ち寄った時、蔵元のオッちゃんの絶妙な「ホントはね」トークでお酒を買わされたことがあります。

「このお酒な、見て、箱に貼ってあるラベルなんてコピーしただけ。ウチは外見にはお金かけない分、い〜い材料使ってるから。他のもうちょっと高いヤツより、中身は絶対にお得。飲んで飲んで……ほら、この値段のお酒とは思えんやろ？」

そのまま、三重県・森本酒造の黒松翁というお酒を抱えて帰りました。コピーにするなら、「箱代をケチった分、原料費と手間をかけました……2ランク上の味わい酒・黒松翁」実際に、毎日飲んでちょっと幸せに浸れる、コストパフォーマンスの高いお酒でした。
では、「ホントはね……の法則」をまとめましょう。

①「理由」を打ち明ける

在庫処分／店じまいセール／ワケあり商品／○○の安さの理由／○○が高い理由／安さの秘密は～にあり！／「なぜこんなに安い（高い）の？」「それは～からです！」

（例）「お米どころと直結。だから、安くてうまい！」（お米のマルエー）

②「業界事情」を解説する

間違いだらけの○○選び／失敗しない○○選び／プロが本音で選ぶ○○ベスト3／プロしか知らない○○の裏技／いい○○の見分け方／買っていい○○、ダメな○○

（例）『間違いだらけのゴルフクラブ選び』（岩間建二郎／講談社ビーシー、2010年）

③「売り手の本音」を打ち明ける

とにかく買ってください！／問屋（社長・店長）泣かせの大特価／日本一（地域一・業界一）の自信あり／この値段では売りたくない／○○な人だけ買ってください

（例）「最大の塾ではなく、最高の塾でありたい」（馬淵教室）

「ホントはね」は、恋愛でも販促でも計算の上で使う手法です。ブログやツイッターで経営者やスタッフの本音を伝え、お客に親近感をもってもらう手法があります。ただ、計算外の本音をネットに出さないようにご注意！　マイナスイメージが一気に広がる危険性があります。経営者が差別発言をしたり、他社攻撃を露骨にしたりすると印象がよくありません。**ナマの本音は刺激が強いことを忘れずに、読む人の目を意識して使いましょう。**

宿題

駅から遠い、部屋が狭い、アメニティ（歯ブラシ・カミソリ・シャンプー）がない代わりに、料金が格安。このようなビジネスホテルの一泊プランを売る、30字以内のキャッチコピーを考えてください。

解答例

１００メートル歩けば１０００円浮く!?　駅から遠い、だから安い！

7 「もう会えないかも」の法則

お客さまの気持ちに理解を示し、こちらのアピールポイントも十分に伝えた。それでも、高価な買い物ほど人は迷います。営業でのクロージングにあたる「買う決断」を一押しするのが「もう会えないかも」の法則です。

基本コピー

「5大特典を無料プレゼントできる締切まであと10日！」［こどもちゃれんじ］

ベネッセの幼児向け知育教材の定期コース「こどもちゃれんじぷち」のDMの文面です。我が娘が生まれてから、毎週のように届くDM。「○○さんがお住まいのS市では、昨年度も6人に1人以上のかたが、〈こどもちゃれんじぷち〉の夢中になれる遊びを始めています！」と焦らせる。たいこのオモチャや人形がセットになった「5大特典」をチラつかせて「クリスマスまでに間に合う申し込み期限のラストチャンス！」と煽る。事例にあげたコピーの後には「今回のご案内書が、『5大特典無料プレゼント』の最後のご案内となります」「この機会を逃すと5大特典は二度と手に入りません！　お申し込みはお急ぎください！」と詰め寄ってくる。つい申し込んでしまった母親が、たくさんいると思います。

「もう会えないかも」の法則は、できれば損をしたくないという気持ちに訴える手法です。ただし、乱発するとイメージが悪くなります。私は「こどもチャレンジ」の押しつけがましさにうんざりして、DMの停止を電話で依頼してしまいました。一方、私に上手に買わせてしまう会社もあります。私がよく服を買うネットショップは、商品を小出しにするのが上手です。新商品の発売時には少なめに出して早く完売させ、**1週間後に「あの即日完売の人気カットソーを再入荷！」とメールが飛んでくる。**「こどもちゃれんじ」には惑わされなかった私なのに、「今度は逃がしてなるものかぁ！」とすぐにクリックしてしまう。お恥ずかしい限りです。

エコカー減税が終わるとなると、どどっとディーラーに駆け込み客が増える。先着10名限定ですと言われれば、早起きして並ぶ人が出る。消費者心理に訴える演出は、最後の一押しに効果的な「くどきコピー」です。

「もう会えないかも」の法則は、安売りやセット売り以外でも使えます。

商品との出会いは一期一会、恋愛も同じ。「あの時に告白しておけば良かった」という後悔を抱いている人はいませんか？　好意を抱いている相手に「次、いつ会えるかわからない」なんて言われれば、一歩踏み出す勇気も出てくるのでは。**外国人ミュージシャンのライブ告知に、「最後の来日！」なんて言葉を見かけます。**ファンなら焦って、何としても行きたくなります。まさに「もう会えないかもしれない」からです。

「もう会えないかも」の法則は、希少価値のある商品や高く売りたいサービスにも効果的です。私はセミナー講師として、商工会議所や商工会をメインに全国で講演をしています。9月から12月にかけて講演依頼が集中しますので、ブログで日程を公開して「早めにご依頼ください」と注記しています。すると、主催者から「この日程をください」と連絡が入ります。行列の「見える化」は、ネットで受注をする行政書士・会計士といった士業の方やコンサルタント、ネットショップに有効です。

不動産業も「もう会えないかもしれない」を上手に使っていますね。

「うーん、ここはめったに空かない部屋なんですよねぇ。特に今の時期、すぐ埋まっちゃうんです。駅から近いし、家賃も手ごろなんで人気があるんです。これを逃がすと、次はお約束できないですね。仮申込書にハンコをいただければ、オーナーさんに頼んで1週間だけ押さえられます。どうしましょう？」

ふらふらっとハンコを押してしまいそうです。キャッチコピーにアレンジしましょう。

「えっ、あの超人気物件に空きが!?
駅近・キレイ・お得な家賃の3拍子揃った2LDK、今すぐお電話を！」

賃貸物件のコピーは字数が少ないので、簡潔に書くなら「めったに空かない希少物件。駅近でお探しなら急いで！」「早い者勝ち！　超人気物件、一室空きました」ぐらいに縮められます。塾で営業をしていた時は、入塾面談の最後でわざと別の職員に「あと何名行けますか？」と尋ねて「残席わずか」を演出し、保護者に仮押さえを促したことも。

適切に使えば効果的な「もう会えないかも」の法則を、型にしておきましょう。

①「お得」をアピールする

今なら○%オフ！／初回ご購入特典／お試し価格／無料お試しセット／キャッシュバックキャンペーン／1つ分の値段で2つ買える！／送料無料キャンペーン／返金保証
〔例〕「今だけ2個セットで1300円もお得！」（DHCのダイエット食品）

②「タイミング」を強調する

最終価格／期間限定／締切りまで後○日／まとめ買いのチャンス／早割／今が旬／母の日（父の日・敬老の日など）にまだ間に合う／一生に一度の○○だから
〔例〕「一生に一度『平成22年2月22日』にご披露宴を
1組限定『究極の夫婦の日ウェディングプラン』」（大阪新阪急ホテル）

③「希少価値」を訴える

入手困難！／幻の○○／在庫限り／初回限定○○モデル／プレミアもの／完売必至／無くなり次第販売終了／限定○個入荷／次回の入荷は未定です／激レア！

〔例〕「妙花闌曲《みょうからんぎょく》2010年度版、今年度分を完売しました」（大七酒造）

③の事例に挙げた「妙花闌曲」は1989〜2004年にかけて貯蔵した古酒をブレンドした日本酒で、作らない年もある希少なお酒。「一度は飲んでみたい」と、日本酒ファ

ンの心をそそります。ワイン好きは、一刻も早く今年のボジョレー・ヌーボーの出来を話題にします。**「今しかない」をマスコミが話題にすると、消費者が動きます。ニュースや流行をチェックし、「今」を見逃さないようにしましょう。**

限定感や希少価値を演出できていますか？　安さを売るなら、早めに売り切る演出をかけていますか？「もう会えないかもの法則」を効果的に使い、「今すぐ買わなきゃ」と思わせるコピーを考えてください。

宿題

あなたは、「プレゼン能力向上セミナー」の主催者です。セミナーは3日後に開催、残席が30％あります。集客メールまたはＦＡＸ、ＤＭのコピーを書いてください。

解答例

残席わずか！　契約率・売上げアップに即効「プレゼン能力向上セミナー」

※本講座の次回開催は、半年後になります。お申し込みの方は、お急ぎください。

【キャッチコピー制作シート①】

【Step1】「売りたいもの」の特徴を、7つの質問に答えながら拾い出します。
※事例には「プレスリリース執筆・配信代行業」のコピーを入れています。

1	その商品・サービスは「誰のため」のものですか？　例）広報の仕方がわからない経営者
2	その商品・サービスを使うと、どんないいことがありますか？　例）マスコミに注目される
3	他社の同じ商品に比べて、いい点は何ですか？　例）プロのライターが書く／配信が丁寧
4	価格面でのメリットはありますか？　例）成功報酬式で初期費用が安い／通信費込み
5	提供の仕方、スピードのメリットはありますか？　例）特急コースなら2日で配信
6	開発・制作にあたっての、こだわりや想いは何ですか？　例）中小企業の成長を支えたい
7	その他、見込み客に伝えたいことはありますか？　例）メールでの無料相談実施中

【Step2】「売りたい相手」が喜びそうなキーワードを3つ拾います。

例）マスコミに注目されたい／中小企業専門／メール無料相談

【Step3】キャッチコピーと、サブキャッチコピーにまとめます。

例）マスコミに注目されたい商品・サービス・会社をサポート！

　中小企業専門プレスリリース代行「企画屋プレス」 まずは無料メール相談をご利用ください。

COLUMN 2

我が夫の「くどきコピー」

「ボンジョールノ！　お姫様」

　私の運命をかえたメールのタイトルは、こんなセリフでした。

　差出人は今の夫、当時はライタースクールで知り合った知人に過ぎませんでした。彼女いない歴ほぼ35年、特に男前でもない、ムーミンの実写版みたいな風貌。そんな男性に、なぜ惹かれたのか。当時の私は27歳。「お姫様」なんてセリフが嬉しかったからではありません。このセリフは一撃必殺、私にだけピンポイントでささる名コピーだったのです。

　時間を、メールが届く1週間ほど前に巻き戻します。

　その時、飲み会の席でたまたま近くに座った彼に、私は『ライフ・イズ・ビューティフル』という映画を勧めました。アカデミー外国映画賞を取ったイタリア映画で、ユダヤ人の迫害を扱った地味な映画。相手の「ああ、面白そうだね、観てみるよ」は、社交辞令だろうなと思っていました。そして、一週間後に飛び込んできたメール。

「ボンジョールノ（こんにちは）！　お姫様」

これは、『ライフ・イズ・ビューティフル』の主人公が、恋人に呼びかける時の決まり文句。彼女に出会った時も、めでたく結ばれてからも、ナチスの強制収容所で離ればなれになった時も。主人公は放送室にしのびこみ、放送でこのセリフを流します。

「ボンジョールノ！　お姫様！」

妻は微笑みます。名乗らなくてもわかる、夫の声。いつものセリフ。ああ、彼と息子は元気でいる。……このセリフは、『ライフ・イズ・ビューティフル』という名画の鍵となる、重要な合言葉なのです。

飲み会で勧めた映画のセリフが、ぽんとメールボックスに飛び込んできた。私は驚き、差出人がちゃんと映画を観てくれたことに感激しました。押し付けがましく「映画観たよ」なんて言わず、劇中のセリフがタイトルになっている。

この人は「私」に関心を持っていてくれる。117分を使って映画を観て、感想をくれた。その手間が、嬉しかったのです。その1年後、私は彼の名字に変わりました。

我が夫がこのコピー一つで、「知人」から「気になる人」に変化した過程には、物を売る際のキャッチコピーのコツが入っています。

「読者研究」「意外性」「タイミング」。

基本の3つが、きっちり押さえてあります。

消費者は「私のことわかってくれてる！」と思えるメーカーやお店が好き。彼は私の勧めた映画を実際に見て、好みを理解してくれたのです。

次に、意外性。「先日はありがとうございました」なんて題ではなく、映画のセリフがそのままメールのタイトルになっている。思わず開いてしまいますし、こうして他人に知らせたくなる「口コミ効果」も生みます。

そして、タイミング。映画の話をしたことを、忘れない程度の時期に届きました。キャッチコピーには、旬があります。季節や年中行事を見据えて、また時代の流行をチェックして時機をとらえる。タイミングがズレると、もう相手の気持ちには届きません。物を売ることと、惚れた相手をくどく行為は、よく似ています。

ただ、気がつくと世帯主兼大黒柱にされてしまった「お姫様」としては、くどかれたのが良かったのか悩ましいところ。結婚9年目、嫁の怒りを切り返すコピー能力だけは、相変わらずズバ抜けています。腹立たしい！
※後日談は、ブログで公開中
「ゆる夫（オット）のススメ」http://yuruotto.livedoor.biz/

第3章

売れるコピーのネタ帳(1)

〜商品・サービス編

1 「できること」の棚卸し

今まで「ダメコピー」と「くどきコピー」を参考に、「ささるキャッチコピー」とは何かを考えてきました。それでも、いざ自分の商品やサービスについて書こうとすると詰まってしまう人は多いと思います。ここからは「いかに書くか」の授業を始めましょう。

私は塾の国語講師時代、高校受験用の小論文の指導をしていました。**生徒が「書けない」という理由は2つです。「書くネタ（題材）がない」、あるいは「ネタはあっても言葉が出てこない」**。この状況で原稿用紙を押しつけても、文章ギライになるだけです。まずは「題材と言葉のネタ帳」を充実させます。

まず、小論文試験によく出る環境問題・高齢化社会の問題・IT化といったテーマについて、解説授業を行います。「知らんから書けへん」と言わせないためです。そして、習った題材と身近な体験を結びつけるワークを行います。「環境問題」～「ゴミ問題」～「家庭で取り組んでいる分別やゴミ減らし」とつなげると、実体験を元にした小論文になります。「習うこと」「発見すること」でネタ帳が充実するのです。
コピーを書く時も同様です。まずは「書くネタ」を探すところから始めましょう！

①商品・サービス・自分の「性能（スペック）」を全て書き出す。

自分が売るものの「できること」と「できるレベル」をどこまで把握していますか？お客様に伝える「性能（スペック）」を徹底的に棚卸ししましょう。

〈例1〉花屋
T駅に近い、S病院に近い、Y市内なら即日配達可、夜8時まで営業、女性スタッフ3人で運営、プレゼント・お見舞い用のフラワーアレンジメントが得意、ガーデニングの基本的なアドバイス可、飲食店・ホテル向けの演出用の花の配達可。

〈例2〉経営コンサルタント
元銀行マン、中小企業向け融資担当として10年の経験、独立して5年、経営革新や資金繰りの相談に強い、事業承継の案件も数多く担当、セミナー講師としても活動中、ベンチャー企業は過去に5件担当、関東一円にクライアントあり。

業種によって項目が異なりますので、好きな形式で書いてください。数人で書く時は、ホワイトボードにどんどん挙げていくといいでしょう。そして「できる」と思っている内容を客観視して、レベルを確認しておきます。

②それぞれの性能の「理由」を明確にする

自社の商品がなぜ優れているのか。なぜその価格で提供しているのか。理由が明確に言えますか？　キャッチコピーの制作講座をやっていると、自社のことなのに理由が書けない人を見かけます。私も新入社員のころ、そうでした。「ウチの塾の授業料は、なんでこんなに高いの？」と納得できなかったのです。2年目にようやく、人件費や教材・テストのシステムが見えてきて、自信を持って価格説明ができるようになりました。

「フラワーアレンジメントのセンスが売り」なら、「女性スタッフ同士で日々練習しているから」「カラーアナリストの資格を持つスタッフがいるから」と理由を合わせてネタ帳に加えておく。コピーにそのまま使えます。

「好みの色をお伝えください。カラーアナリストの資格を持つスタッフ監修の『あなた色のフラワーアレンジメント』を提供します」

「元銀行マンだから『融資を引き出す経営革新』に強い！　資金繰りに悩む経営者の方、ご相談ください」

結果だけでなく、価格や強みの理由を説明して消費者を納得させましょう。

〔例〕**「お、ねだん以上。ニトリ。ニトリは、商品開発から製造・輸入・販売・お届けに至るすべての事業分野を自社で構築しています」**（ニトリＨＰより）

「お、ねだん以上」は、ダジャレを使った名コピーですね。会社のサイトでは、なぜ「お値段以上」の価値が提供できるのかを、説明してくれています。

もし自社サービス・商品に「筋が通らないな」と思う部分があれば、改善するか性能から外してください。この章の最後に出てくる「ネタ探し取材シート」を活用しながら、商品・サービス・自分の「できること」と「理由」を徹底的に書き出しましょう。

2 客層との「マッチング」

「できること」を全部書き出したら、今度は絞り込む作業に入ります。第1章の「詰め込みコピー」の際にもお話ししましたが、あれもできるこれもできると盛り込んだチラシは、伝わりにくくなります。せっかくのネタを「捨てろ」と言っているのではありません。**「いつ」「どこで」「だれに」伝えるかに応じて、売りの優先順位を替えてほしいのです。**

あるITのシステム会社のサイトリニューアルを頼まれたとしましょう。社内の内部情報管理システム（イントラネット）も作れるし、動画を編集してYou tubeにアップできる。多言語サイトやネットショップも作れます。「できること」が山盛り出てくる。この情報をトップページにギッシリ並べると、「売りがわからない」サイトになってしまいます。

検索で「社内　イントラネット　構築」や「動画　CM　制作」で検索してサイトにたどり着いた人が、この会社は専門的だなと思えるページを、それぞれ作り込むべきです。トップページは目次程度に考え、問い合わせや購買につながる個別の商品ページを念入りに作っておくのが効果的。「社内の情報を安全に管理　中小企業専門イントラネット構築サービス」「動画で売り上げＵＰ！　You tubeで話題になるネットＣＭ作ります」というページがそれぞれ欲しいところです。では、実際にやってみましょう。

①「できること」を売りたい順に並び替える

何でもできると窓口を広げ、慣れない仕事が増えて、かえって売り上げを落とすケースがあります。偉そうに書いていますが、私自身がこの悩みから抜けられずにいました。会社として「やりたいこと」「売るべきもの」の順位をつけます。基準は多くの場合、利益率が高い順、売れば儲かる順です。会社によっては新商品で勝負をかけたり、利益率は低くても在庫処分で売ったりする場合もありますね。「優先順位」を時々見直しましょう。

［例］　ある整骨院の優先順位

１位　「交通事故の後遺症治療」

自賠責と医療保険がきくので患者の負担がほぼ無い。軽いむちうちを放置する人が多いので、啓蒙も含めてアピールしたい。

２位　「産後の骨盤矯正」

女性スタッフが多く、キッズスペースも新設したのでぜひ女性客を増やしたい。

産後太りの解消に、耳つぼダイエットも合わせて提供できる。

3位「高齢者の膝痛治療」

多くの場合保険がきく。高齢者同士は口コミで広まりやすい。定期通院の患者さんが多い。寝たきりにならないためにも、歩けることは重要だとアピールしたい。

この3つを1枚のチラシにまとめるだけでも、効果はあります。もっとそれぞれを強調したいのであれば、「1枚1ネタ」に絞って販促ツールを作ります。

②「やらないこと」「売らない人」を決める

「できること」を棚卸ししていると、欲が出てきます。「幅広い客層に来てほしい」「ありとあらゆる人にウケたい」と思います。あなたが大会社やショッピングモールのオーナーなら、可能かもしれません。しかし、百貨店でさえ客層の絞り込みを意識する時代です。

［例］**「一歩先の流行を積極的に楽しむ30代（女性）」と「高い感性で洗練された暮らしを楽しむ50代マダム」のニーズにお応えする館へ（阪急うめだ本店のコンセプトより）**

このように年齢層や性別を明確に示して、顧客を絞る百貨店が増えてきました。万人受けを狙った仕入れは不良在庫のもと。たまにしか来ない受注に答えることは、手間がかかる割に成果が出にくくなります。捨てる決断は重要です（逆に「捨てない」成功事例に「顧客の要望には全て応える」鹿児島県の巨大スーパー「A－Z」があります）。

今の客層だけを相手にしていると、将来的に先細りだという自覚がある場合は、「客層とのマッチング」の作業を通じて「将来的にやりたいこと・売りたい人」を探して準備をしておきましょう。125ページの「先読みシート」を活用してください。

少子化を目の前にした教育業界が、今まさに変化しています。増え続ける退職者向けに個別指導塾の開校を促すフランチャイズビジネスを拡大する会社がある一方で、英語教育や社員研修の請負にシフトする会社があります。「公文式」では、認知症対策の「くもん学習療法」を90年代から展開しています。

常に業界事情や世の中の流れを観察して、「できること」「売りたい人」の組み合わせを発見し、コピーにはっきりと反映していきましょう。

3 数字を「探す・借りる・作る」

販促や営業をする上で、キャッチコピーのネタ帳に入れたいのは「数字」です。

A「大好評、売れて売れて困ってます！」

B「300個がすでに完売！」

C「5時間で289個も売れた！」

A・B・Cのどれが目に留まるでしょうか？　Aは数字がないので意識に残りにくい。Bは気になりますね。しかし「すでに」という表現は曖昧です。1年かけて300個完売なら、あまり自慢できません。Cは「5時間で」と明記している。そして、人は切りのいい数字より、アンバランスな数字に信頼感を抱きます。

［例］「**96・5%が成功!!　DHCプロテインダイエット**」（DHC）

DHCのチラシには、数字があちこちに盛り込まれています。「1食平均177kcal」「1食284円で経済的」「食物繊維　7000mg　一袋あたりバナナ約8本分」……消費者は年々賢くなっていきます。「一食分が安い」「食物繊維がたっぷり」だけでは弱い。コピーを強くする数字をネタ帳に集めておきましょう。

①商品・サービスの性能を数値化する

「従来品より○％軽くなった／安くなった／スピードアップした」のように、新バージョンを出す際には従来品や競合品との比較を入れたいもの。

［例］**性能約60％向上、CO_2約30％削減、優れた液もれ防止効果などを実現**
アルカリ乾電池　新「ＳＴＡＭＩＮＡ（スタミナ）」シリーズ20種　発売（ソニー）

電池のリリースコピーです。「CO_2約30％削減」の理由は「従来品と比べて約１・６倍長持ち」だから。これは納得がいきます。もう一つの理由は「同じ電池容量を確保するための生産量が当社従来品に比べて少なくて済むため、CO_2排出量も削減できている」とやや強引。大企業でも「売りを表す数字」を懸命に探しています。中小企業なら、なおさら積極的に数字を使うべきです。「お値段そのままで28％増量」（食品）、「最短２日で納品可」（印刷会社）、「症例数１６７名」（美容整形外科）、「相談件数４８６件（２０１０年９月現在）」（士業全般）など。まだ使っていない数字を、掘り起こしてみましょう。

②一般的なデータを「借りる」

行政やリサーチ会社が調査した統計やデータは、連絡をとって引用許可が出れば広告やプレスリリースに使えます。

［例］「**今や2人に1人が〝がん〟にかかると言われる時代です**」（アフラックがん保険）

この「2人に1人」は平成17年の厚生労働省の調査を基にしています。国立がん研究センターの平成21年の統計でも「死ぬまでに人ががんと診断される割合」は、確かに2人に1人です。しかし、「現在30歳の男性が20年後までにがんと診断される確率は『2％』。50年後、80歳代までに診断される確率は「37％」。70代を境に確率が急に増えます（「がん情報センター」の「最新がん統計」より）。若い人が安い給料から、焦って保険料を払う必要があるかどうかは、もう少し慎重に考えても良さそうです。

数字を使う側は、説得力を増す数字を探したい。一方、消費者としては、冷静な判断を身につけておきたい。両方の意味で、数字のチェックは大切です。チラシやＰＯＰで気持ちが動いた数字があれば、メモしておきましょう。

③自社・店舗でデータを作る

②を実行しようとデータを探し始めると、「その会社で作ったデータ」に出会います。「**８割以上の女性が、ブラジャーでストレスを感じている！**」（ワコール）、「**夜21時以降に家事をするアラサー世代は２人に１人**」（パナソニック）といったデータは、商品の宣伝につなげるために自社で調査をしたデータです。パナソニックは「夜に家事をする30代」をターゲットにした、音が控えめでダークカラーの家電シリーズを出しています。

この手法は、誰でも使えます。顧客にアンケートを出して、結果をまとめる。「〇％の人が～に悩んでいる」といったデータがまとまれば、コピーに使えます。ただし、数十名のアンケートでは、あまり説得力を持ちません。アンケートの有効回答数は、個人的見解ですが、３００は欲しいところです。回答数が１０００を超すと、信頼性が出てきます。

自社でアンケートを取るのが難しければ、ネットで調査会社を探して依頼する手段も。

数字を探す、借りる、作る。

「使える数字」をネタ帳にどんどん入れていきましょう。

4 お客様を「教育」する

消費者は、商品やサービスによって「教育」される時があります。私が今使っているシャンプーは「ノンシリコン」が売りです。多くのシャンプーは、化学物質であるシリコンで髪の毛をコートして艶を出している。シリコンは完全に落としきれないので、頭皮や髪が傷む……と、商品説明のコピーで知りました。どちらがいいとは、私はプロではないので言い切れませんが、消費者を教育する力のあるコピーは、購買につながります。

私が岡山県津山市で講演をした際、地元の名物を調べていて見つけた「松本青果店」というお店があります。店主がネットで綴る商品紹介に、いっぺんに惚れ込んでしまいました。

「ニューベリーがむちゃくそじゃ」

わしらぁ商品が全て競《せり》で／毎日が変動相場制なんじゃ／じゃけん何んが／高こうなるか、安ぅなるか／その場になってみんとある意味分からんのが／現状なんじゃ／せえで安かったんが／ニューベリーなんじゃ／1箱4房／なんと1000円じゃ／えかろうが

／ブドウを冷凍しとくんも、ええで／解凍したら糖度がアップするで

このぶどうがスーパーで、「4房1000円」としか書いてなければ、私は買いません。相場に比べて安いのか高いのかわからない。それに、3人家族では残ってしまう。しかし、この文章がPOPになって貼ってあれば、買ってしまいます。これはお得な商品なんだな、冷凍して甘くなったブドウ、おいしそうだな、と納得します。松本青果店のサイトは、学ぶべき点が多いので、小売・飲食業の皆さんは必読！（http://matsusei.e-tsuyama.com/）

業界事情や商品の必要性・選び方・使い方を教育する。美容院でも「家で同じ髪型を再現するコツ」を丁寧に教えてくれる店舗は、好感が持てます。コピーにするなら「仕上がりのキレイが1カ月続く！　毎日のスタイリング方法のレクチャー付き」。美容師がいつも会話の流れで教えていることを、売りに変えます。

①「知って欲しいこと」を書き出す

プレスリリース代行業をやっている立場から、「マスコミに取り上げられたい」と思う会社や店に教えたいことが山ほどあります。月刊誌の企画会議は、多くが発行の3カ月前には始まっています。プレスリリースはいい内容でも、タイミングがあわなければ掲載確率が落ちます。行き当たりばったりでなく、最低でも半年分の計画は立てておいてほしい……書き出すとキリがないぐらい「知ってほしい」ことがあります。皆さんも、プロとして仕事をしていて「自分たちには常識だけれど、お客さんが知らないこと」があると思います。ぜひ、ブログや販促物で教えてあげてください。

［例］「**腐る化粧品**」（ナチュラピュリファイ）

インパクト絶大の教育コピー。「防腐剤を使わない、安全な化粧品を使いましょう」という本来のメッセージは、少し考えるとわかります。中には、「この化粧品をつけると顔が腐るような気が……」と感覚的に受け入れられない人もいるでしょう。「すべりコピー」ギリギリですが、サイトの文章を読むと納得します。

「野菜や果物など自然の恵みがそうであるように、天然・自然の成分から生まれた化粧品も、いつまでものあいだ腐らずに品質を保持し続けることは不可能なことなのです。その為、ナチュラピュリファイ化粧品には開封後の使用期限が定められています」

自社サービスや商品の細かい部分まで、知ってほしいことを書き出してください。

②「伝わる教え方」を研究する

ライバル会社も一緒になって消費者を教育し出すと、業界は活性化します。ノンシリコンシャンプーは複数メーカーが参入して、女性誌でも見かける機会が増えました。ハイブリッドカーが地球に優しい理由を、各自動車メーカーが懸命に伝えています。ツイッターが流行れば、続々とノウハウ本が書店に積まれます。いろんな先生がいる時、消費者は「わかりやすさ」を求めます。専門性の高い製造業や開発会社、ＩＴ企業、医者や士業の方は特に「わかりやすさ」を心がけたいものです。

［例］**「廊下でブルッ！　はもうありません。室温のバリアフリー」**（建設会社）

ある建築会社と仕事をした時に、「高気密・外張り断熱で夏も冬も暖かい」というセールスポイントを、「『室温のバリアフリー』ですね。廊下に出ると急に寒い、朝晩の室温差が激しいと、シニアの方は特に体に負担がかかります」と担当者に説明され、納得したことがあります。「バリアフリー」という言葉が定着したからこその表現ですね。

読者に応じた表現や比喩の使い方は、後ほど説明します。まずは「知ってほしいこと」をいろんな表現で、ネタ帳に集めていきましょう。さらに、会社で「説明上手コンテスト」を開くと、優れた表現が集まると思います。

5 「エピソード」を集める

我が家では次に車を買う時は、絶対にホンダ車、と決めています。前述した通り、私が本田宗一郎ファンなのに加えて、夫が『F1地上の夢』（海老沢泰久／朝日文芸文庫・1993年）を読破したため。F1に賭けるホンダ技術者達のストーリーは、今はスバリスト（富士重工のスバルに乗る人）である夫の心を揺さぶったようです。数々の伝説を持つ経営者、技術者。創業の苦労や開発秘話、仕入れ先との出会い、お客様のエピソードは、消費者の心に響きます。

ここで手前味噌ながら、私が書いた文章を紹介します。これは、ビジネス書の書評メルマガ「ビジネスブックマラソン」で有名な、土井英司さんのセミナーで書いたもの。メールマガジンで著書を紹介してくださったので、お礼を言おうと出席したところ、「文章講座」が始まりました。「15分であなたの一番売りたい物を紹介してください」というお題。

《売りたい商品》 **絵本『だるまさんが』 かがくいひろし／ブロンズ新社・2008年**

50年遺る仕事を見たければ、彼の絵本をめくるといい。

できれば子どもと一緒がいい。

予想を裏切る展開に大人は苦笑し、大胆な画とリズムに子どもは爆笑する。

2005年に50歳でデビューし、4年で16冊の絵本を描き、作者は昨年亡くなった。

そのニュースは小さく、ほとんどの人が気づかなかった。

でも、保育所で家庭で図書館で。

子どもたちは声を合わせて「だ・る・ま・さ・ん・が……にこっ!」と笑い続ける。

彼らはやがて親になり、こう言うだろう。

「この絵本、大好きだった、読んであげる」

……人を幸せにする仕事は、きっと遺る。


土井さんは、この文章をひょいとのぞき込み、私にマイクを渡して読ませた後に、「いいねぇ」と、言葉をかけてくれました。久々の生徒気分です。ただ、絵本を探しに来た親に響くコピーではないという自覚はあります。この文章は土井さんのセミナーに出ている人、つまり「物を作る仕事がしたい人」へ向けたもの。「売れる仕事」と「遺る仕事」を両立させ、ふっとこの世から消えてしまった、一人の絵本作家の存在を知ってほしかったのです。店頭ＰＯＰ用なら、私は違うエピソードを書きます。

「全国の保育園で『０歳児が爆笑する』とウワサが広まってベストセラー！」

私は「かがくいひろしファン」として情報を集めていたので、ネタがぽんぽん出てきます。皆さんも、自社や店舗のファンになってエピソードを収集しましょう。

①商品・サービスを世に出すまでの物語を書く

どんな小さな商品にも、「お客様の声から生まれた」「スタッフが苦労して作り上げた」「技術で苦労した」といったストーリーがあるはずです。

［例］**高齢の母がイスにつかまって立つ姿から生まれた商品**
どこでも手すり「スタンバーＺ」（株式会社ミライズ）

介護用品メーカーのキャッチコピーです。社長が立ち上がるのに苦労する母親の姿を見て、開発した移動式の手すり。年配の親を持つ人に響くエピソードです。「お寺やお年寄りの集まりで喜ばれています。イスがないところで立ち上がるのは、脚が弱った方には難しいんですよ」と言われ、私は和室で暮らす祖母を思い出しました。素材選びにも価格を下げる工夫にも、物語があるはず。記者になったつもりで、取材しましょう。

②お客様の「ビフォー&アフター物語」を集める

商品やサービスを手にしたことで、どれだけ変わったかのエピソードを集めます。お客様の許可を取って、コピーに使ってください。第2章の「『幸せになろう』の法則」でも説明しました。健康食品や美容商品・教育サービスの定番手法ですね。

［例］**「私の人生を変えた一冊です」**（書店POP）

本屋やネット書店のレビューで見かけます。「人生を変えた○○」は、CDや映画にも使えます。キャッチコピーの役割は、目を留めさせること。読者は「どんな風に変わったの?」と関心を持って読み始めます。あなたの仕事を変えた一冊を、思い出してみてください。私の一冊は、本田宗一郎の自伝『俺の考え』（新潮文庫・1996年）。20代で出会っていたら、間違いなくホンダに入社したでしょう。

人生を変えるほどではなくても、商品のお陰で助かった人や、意外な使い方で楽しんでいる人がいるはず。積極的に探しましょう。「99歳のおばあさんがiPadを使っている」という実話は、使いやすさのPRに貢献します。

社内・店内・サイト上でお客様の声を集める仕組みを作って、こまめに発信しましょう。

6 スター誕生プロジェクト

「エピソードを集める」は、開発者やお客を登場人物にすることで、感情移入を誘います。この登場人物にファンが生まれると、話題性や指名買いが発生します。

［例］**るみばあちゃんのうどん**（池上製麺所）

世間的な有名人、タレントを使う予算がなくても大丈夫。自社・店舗のスタッフをスターに変えればいいのです。「るみばあちゃん」は、香川の製麺所兼店舗の看板女将。讃岐うどんブームに伴って有名になり、今や「るみばあちゃんのうどん」はネットショップや土産物店のヒット商品になっています。人間ではなく「猫の駅長・たま」（貴志駅）や「ひこにゃん」（彦根城のマスコット）もスターですね。

士業・コンサルタントならセルフプロデュースが重要です。美容業界は、この「お手製スター」がたくさんいます。美白の女王として知られた鈴木その子さんに始まり、佐伯チヅさん、かづきれいこさん、ＩＫＫＯさん……美容メソッドと商品を発信し、自分自身の美しさで成果を証明します。ネット社会になってからは特に、『作ってあげたい彼ごはん』（岡田史織著／宝島社）のSHIORIさんのように、ブログ発のスターが生まれており、プロデュース次第でスターが作りやすくなりました。

スタッフ一人の専門性を高めて、個性を打ち出してファンを作る。これだけで本が一冊書けそうです。ここでは、キャッチコピー作りの観点から人材を発掘していきましょう。

①自分や社員をプロデュースする

商品やサービスを送り出す裏には、いろんな人が働いています。経験を積んで「匠」の域に達している人がいる。若い社員は趣味や情熱、人柄をアピールできる。私は塾の校長という「人が商品」の仕事をしていたため、塾の講師全員にスターになってもらわなければなりませんでした。カリスマ講師が一人いて集客に成功しても、全クラスの授業は持てない。「どの先生にも魅力があるから、ええ塾や」と思ってもらわなければならなかったのです。

経営者やリーダーは比較的、自己PRが得意です。しかし、社員やパートの人をいざ前面に出そうとすると、「恥ずかしい」「自信がない」と逃げ腰な人が多い。そこは、プロデューサーが必要です。「あなたの商品知識はお客様の役に立つ」「技術力をみんなに知ってほしい」と資質を発見し、磨き上げるプロデューサー。周りの人を「プロデューサー視点」で見て、「**仕入れ達人・鈴木による旬のおすすめ**」「**自動車整備歴25年！　我が社の匠があなたの車を元気にします**」といったコピーで、顔の見える宣伝をしてみてください。本人も嬉しく、モチベーションアップにもつながります。

②肩書き・プロフィールを工夫する

「○○の達人」「○○マイスター」「○○コンシェルジュ」「○○コンサルタント」……肩書きを作ることで、専門性や個性を強調できます。単なる雑貨店のスタッフよりは、「贈り物アドバイザー」が商品を勧めた方が、来店客からの信頼を得られます。

私は「販促・宣伝アドバイザー」と控えめに名乗っていますが、これを「**ダントツ☆カリスマ販促ライター**」とでもすれば、また違う客層を集められるでしょう。ブログやツイッターのプロフィールで、コンサルタントやセミナー講師の肩書きをチェックしてみてください。大胆なネーミングが多く、楽しめます。

私は小心者なので「カリスマ○○」「最強の○○」と名乗って相手の期待値を上げるより、控えめにして仕事内容や成果で「期待以上だった」と思わせる方を選んでいます。客層や本人の好みに合わせて、複数の肩書きを作って使い分けるのも一つです。

③本人に文章を書かせる

ブログや店頭ＰＯＰ、ＤＭをキャラの立ったスタッフに書いてもらいます。お客様は親近感や信頼感を持ってくれます。冷凍食品の「加ト吉」（現テーブルマーク株式会社）は、ツイッターでの宣伝成功事例としてよく取り上げられます。部長の末広栄二さんが絶妙なオヤジギャグを繰り出し、読者とこまめにやりとりすることで、人気が出ました。

第2章の「ホントはね……」の法則でもおすすめした通り、社員やスタッフによる情報発信は効果的です。スタッフからの情報発信を、積極的に促す。「贈り物アドバイザー」であれば、そのスタッフに贈り物のマナーやラッピングについてブログやニュースレターでコラムを書いてもらうといいでしょう。情報発信に強い社員を多く育てることは、ネット社会での強みになります。また、「書く」行為は同時に、社員教育の側面を持ちます。

役立つ情報を書こうとすれば、自ずと顧客視点になりますし、商品や業界について勉強もします。一度書いた知識は、言葉に出やすくなります。営業マン研修でも、台本作りをすると効果的です。営業・接客ベタの方は、ぜひ「書くこと」から、始めてみましょう！

7 「理念」を言葉にする

そろそろ、商品・サービスについてのネタ帳がぎっしりになったのではないでしょうか？　やれること、その理由、客層とのマッチング、使える数字、エピソード、スタッフの情報。発信したいことが山ほど出てきたと思います。これら情報のすべてを貫くのが、商品・サービスの「使命」です。企業理念や仕事をする上でのポリシーでもあります。

［例］**すべてはお客さまの「うまい！」のために**（アサヒビール）

アサヒビールが以前使っていたキャッチコピーです。このような大きなメッセージは、消費行動には直結しません。会社理念に惚れて商品を買うことは、まれでしょう。消費者がほしい情報は、お得、役立つ、悩み解消、差別化ポイント、売れ筋といったものです。

それでも、私は「理念コピー」は必要だと考えます。

理念は、自社や社員・スタッフの拠り所になります。「お客様が元気になる店」を掲げるなら、スタッフは元気に振る舞うべきです。「大人のいやし空間」であれば控えめな接客で気配りを見せます。理想と現実、本音と建前で実のところは違う会社やお店も多いかもしれません。食い違いが大きければ、顧客やスタッフが離れていきます。**理念は、会社やお店の柱になります。トラブルがあった時は、その柱を基本にして対策を考えます。**

個人でも、自分の思いや理念をキャッチコピー化しておくと、心の拠り所になります。

徳島県のセミナー会場で、帰りに入った居酒屋で受講者と一緒になったことがありました。そのうちの一人は、20代の住宅営業マン。佐々木君としておきましょう。酔いが回るにつれて、佐々木君は仕事について熱く語りだしました。

「僕は、佐々木から家を買って失敗した、なんて絶対に言われたくない。あいつから買ってよかったと、何年先も言ってもらいたいんです。だから、お客さんに無理はさせたくない。ある予算の中で、精一杯の家を建てます。他のハウスメーカーよりは、同じ予算で絶対にいい家を建てる自信があります」

安い裏には事情がある、ハウスメーカーが建材や現場の職人を安く使えば値段は下がる。そういう仕組みちゃうの、とちょっと意地悪な質問をしてみました。

「知恵を集めれば、まだ余地はあります。たとえば、この金属加工の職人さんは……」

と、携帯写真で画像を見せながら丁寧に説明してくれ、酔ってるのに大したものでした。

彼の中に、**「佐々木と家を建ててよかったと言われたい」**というフレーズが染み込んでいるのでしょう。自分が仕事をする上でのキャッチコピーを作っておくのは、迷った時に心の支えになります。他人の名言を借りるのも一つです。私にもいくつかあります。

では、もう少し具体的に「理念」コピーをチェックしてみましょう。

①会社・店の方針を共有する

［例］**「すべてを、『おかあさんの気持ち』で、『ベストクオリティ・ベストサービス』を提供します」**（不二家）

２００７年に賞味期限切れの原材料を使用し、安全性を問われた会社であったことを知っていると、このメッセージの重さを感じます。「ベストクオリティ・ベストサービス」が言葉だけで終わらないよう全員が意識を高く持つ。有言実行が問われます。

皆さんは、自社や店舗の方針を知っていますか？　研修で自社のキャッチコピーを書いてもらうと、一般社員の約半数が書けません。伝える努力を怠っていませんか？

株式会社星野リゾートの社長・星野佳路さんの掲げた理念コピーが、私は好きです。**「日本の観光をやばくする」**。刺激的で、わくわくします。若手社員の意見で決めたコピーだというのも、この会社の柔軟性を表しています。このメッセージを従業員に浸透させながら、星野さんは次々とリゾート施設を再生しています。

②商品・サービスを理念に照らす

［例］**愛する人へのコミュニケーション**　（株式会社八木研）

株式会社八木研は仏壇・仏具の会社です。「愛する人」は亡くなった方。故人と交流できるような仏壇を作りたいという意味です。きれい事のコピーに読めますが、八木研が作る「現代仏壇」を一目見れば、どの商品も理念を現実にした「筋の通った」商品だとわかります。アンティーク家具のように優美な仏壇。マンションの部屋に似合う、白い仏壇。部屋の模様替えと共に扉の色を替えられる「きせかえ仏壇」……昔ながらの仏壇では、若い家庭は部屋に置きたがらない。「現代仏壇」のコンセプトは「仏壇のあるリビング」。リビングに、似合うおしゃれな仏壇を作れば、毎日家族が仏壇に声をかける。亡くなった人とコミュニケーションが取れます。

理念に基づくサービスや商品には、説得力があります。

組織の拠り所になる理念、仕事や人生の指針を言葉にしておきたいものです。

【ネタ探し取材シート】

① お客様に役立つ「情報」

専門家だから言える商品・サービスの選び方や使い方、業界事情を提供しましょう。

②「季節モノ」の題材

年間行事や季節のイベントに合わせて自社・店舗から提供できる話題や商品を探しましょう。

③「旬ワード」に乗れるネタ

今話題のキーワードに合わせて、売れるものや提供できる話題を探しましょう。

④ 使える「数字」

お客様に知らせるべきデータ、満足度、ランキングなど、数字を使ってみましょう。

⑤「タイアップ」を使う

お客様に、一緒に紹介して喜ばれる他社・店舗・地域の情報を探しましょう。

⑥「物語」を集める

会社やお店にある開発秘話や、お客様との心温まるやりとりなど「物語」を集めましょう。

複数の人で書くと、思わぬ発見があります。公式ブログやメルマガ・広報誌の題材にも応用できます。

【先読みシート】

販促・宣伝の世界はハイスピードで変化しています。商品・サービスそのものも、激しく変化をしています。過去5年をふりかえり、先の5年を想像しながら手を打つための、チェックシートです。

◆自分の会社・店舗・事業にここ5年で起こった変化を、振り返ってください。

政治・法律上の変化	
経済上の変化	
技術面の変化	
顧客の変化	
営業地域における変化	
業界における変化	
宣伝手法の変化	
自分自身に起こった変化	

◆以下のキーワードから自社・店舗・自分の「これからの5年」を考えてください。

政治・経済の変化	
海外の動向	
少子高齢化	
インターネット モバイル	
地元消費	
業界の今後	

5年後、自分の会社・店舗をどうしていたいのか？
どんな手を打っておかなければならないのか？
重い話ですが、目先の販促・宣伝プランと同時に考えておくべき項目です。

COLUMN 3

フィギュアスケートに学ぶ「強み」と「弱み」

この世に「パーフェクトな商品・サービス」は存在していません。デザインが良ければ使い勝手が犠牲になったり、コストがかかったりする。安くて高品質なものを届けるんだ！　と頑張る陰で、物流業者や下請けを泣かせているケースもある。社長が「ウチは完璧！　ヨソはあかん！」と吠えるタイプの会社では、冷静な社員が社長の思いこみに困っていることもあります。

自社について冷静になるには、「自分たちは弱みがある」と認めてしまうことです。その上で、「強みをもっと伸ばし、弱みを目立たなくする」努力と、キャッチコピーで強みを強調し、弱みをカバーする必要があります。

私の好きなフィギュアスケートにたとえて、話をさせてください。２００９年のバンクーバーオリンピックでは、浅田真央選手とキム・ヨナ選手のライバル対決が話題になりました。浅田選手の強みは「トリプルアクセル（3回転半ジャンプ）」、それに対してキム・ヨナ選手は「表現力」と言われていました。実際は、キム・ヨナ選手が跳ぶ3回転―3回転の連続ジャンプの幅と流れは素晴らしいもので、ジャンプも強みとして備えています。浅田選手は、弱いと言われた表現力を鍛え、ジャンプ以外の要素も徹底的に磨いてきました。中でも、スパイラル（片足を上げて滑る）とビールマン・スピン（片足を両手で引き上げる形のスピン）のポジションの美しさは、同時代のスケーターの中でトップクラスです。

ルールの中で、それぞれの選手が、得意技（強み）を徹底的に磨き、効果的に見せる方法を考えてきます。浅田真央選手は、フリープログラムで、トリプルアクセルを2回跳ぶという荒技に出ました。同時に、その他の部分を磨きに磨いて、今できるギリギリまで詰め込んだ、最高難度のプログラムを用意してきました。彼女にはもう一つの強みがあります。それは「体力がある」ということ。後半でもスピードが落ちない浅田選手の体力に期待して、最後には体を上下左右に振る激しいステップが用意されました。

一方、キム・ヨナ選手はスタミナの無さから、後半失敗をしがちな選手でした。もちろん、体力をつけて臨んできましたが、プログラムそのものもスローで、後半に余力を残せるプログラムを組んできました。弱みを強みである「表現力」でカバーしたのです。その結果、凄まじいプレッシャーの中でノーミスの演技をしました。

浅田選手は、自分の強みを超えたハードなプログラムに耐えられませんでした。それでも、ミスの後でも諦めずに踏んだ「鐘」のステップは、私の目に焼き付いています。

彼女たちの戦いの裏には、ルール改正やマスコミの煽り、コーチ達の思惑などいろんなものが関わっています。その変化に応じて、毎年のように選手達は対策を練ってきます。2010年シーズンから「スパイラル」が女子のショートプログラムに不要となったため、この要素をやや苦手とする安藤美姫選手が、さっそく外していました。浅田選手は見せ場の一つだったので、振りつけにさらっと取り入れています。こうして、新ルールに基づいたジャッジの評価をチェックしながら、選手やコーチは数カ月かけてプログラムを勝てるものに磨いていくのです。

このフィギュアスケートの話は、ビジネスの世界に通じるものがあります。

市場は変化します。法律が変わることもあります。「貸金法」が改正になり、グレーゾーン金利で儲けてきた消費者金融がつぶれ、過払い請求の弁護士事務所のCMがテレビに流れます。私達は常に自分の強みを磨き、弱みをカバーして、生き残っていかなければなりません。キャッチコピーでの強調ポイントや顧客に届く販促ツールも、日々移り変わっていきます。ぼんやりしていると、自分だけが旧ルールのままで試合を続けている……なんて事態になることも。アンテナをしっかり立てて、先読み力と適応力を鍛えましょう！

第4章

売れるコピーのネタ帳（2）
～顧客研究編

1 「理想の顧客」を描く

第3章では商品・サービスの送り手視点で、ネタ帳を充実させてきました。その中で何度か「お客さんにはどの情報がささるのか？」と考える場面があったと思います。ここからは、「顧客＝読者」視点を学び、相手に届く言葉のネタ帳を充実させていきます。

打ち合わせの場で、中小企業の経営者や上層部、特に50代以上の男性の「子供を持つ主婦像」が古く、大ざっぱなのに悩むことがあります。私は3歳の子を持つ兼業主婦ですが、私が世帯主であり、夫が家事育児の多くを担っています。今はまだ少数派ながら、こういう世帯も今後増えるのではないかと思います。一方で従来型の専業主婦は減少しています。共働き率が50％を超えたのが1997年、パートや正社員の違いはあれど、ワーキングマザーは増加傾向にあります。年代や経済力で主婦は細分化されます。

独身男性や、団塊世代の夫婦も同じように細分化されています。大手企業は広告会社やマーケティング会社と組んで詳細なリサーチをしていますが、中小企業や個人にはその手段がありません。自分の商品・サービスを愛してくれる人は誰か。「理想の顧客像」を描く作業は、キャッチコピーの作成はもちろん、販促全般、商品開発のすべてに関わります。**顧客像を描くには、3つの方法があります。「顧客アンケート」「雑誌研究」「ネット研究」です。**この3つについて、第4章を使って話をしていきます。

まず、何も資料がない状態で次の質問に答えてください。

〔質問〕あなたの「理想の顧客」はどんな人ですか？

（例）お掃除代行サービス

1　その人の性別・年齢・職業・家族構成を答えてください。

（例）女性／42歳／会社員／夫と子ども2人

2　その人の年収と、1カ月に自由に使えるお金（小遣い）を答えてください。

（例）夫と合わせて年収650万円／小遣い4万円

3　その人の悩み事を3つ想像して書いてください。

（例）家事と仕事の両立／子どもと過ごす時間が少ない／離れて暮らす親の健康

その人が毎月読む雑誌やチェックするウェブ・モバイルサイトを3つあげてください。

［例］雑誌『STORY』（光文社）／『ビズマム』（ベネッセコーポレーション）／クック

パッド

これらの内容がすっと出てこないうちは、まだ顧客への愛が足りないと思うのです。過去の恋愛を思い出してみてください。好きな人のことは、何でも知りたい。自分とどこかに接点がないか、細かく調べたはずです。

理想の顧客を1人イメージすることで、自分の商品やサービスの存在をどうすれば知ってもらえるか、対策を立てられます。地元が商圏であれば、理想の顧客が休日に行くところや、チェックする地元フリーペーパー、人気がある店のチェックは有効です。

そして、経営者や開発者だけでなく、仕事に関わる人すべてが「理想の顧客像」を共有したいもの。「誰がターゲットやねん！」と現場がツッコミを入れたくなるような商品やチラシが出てくるのをしばしば見受けます。情報交換を活発にして、「顧客像のズレ」は修正しておきましょう。

修正をする時に役立つのが、雑誌による顧客研究です。雑誌は読者研究のプロである編集者と、広告代理店のリサーチの結晶です。下手なビジネス書を読むより、ずっと役立つことがあります。**書店に行って「理想の顧客が読んでいる雑誌」を買ってきてください。**

この時、「どんな雑誌を買えばいいのかわからない」人は、ＯＬ向け、主婦向け、ビジネスマン向けを複数購入してきます。各誌に特徴があり、想定読者が異なります。私は20代のころ、『ｗｉｔｈ』（講談社）という雑誌を読んでいました。『ＪＪ』（光文社）や『ＣａｎＣａｍ』（小学館）を読んでいる知人とは、着る服のテイストが違っていたのを覚えています。男性でも『ＬＥＯＮ』（主婦と生活社）を読んで身なりに気を遣う50代と、グラビアが載っている週刊誌やスポーツ紙専門の方では、お金の使い方が異なります。

明らかな競合誌の時は、互いの差別化の努力をチェックします。先ほどのＯＬ向け『ｗｉｔｈ』の競合誌は『ＭＯＲＥ』（集英社）。10月号のタイトルを並べてみましょう。

「秋は脚！　美女パンプス＆最旬ブーツ　何買う？　どうはく？　全回答」（『Ｗｉｔｈ』）

「おしゃれプロの『絶対流行る！』を総力取材！
ハズレなし！　秋トレンド『真っ先買い』リスト大発表」（『ＭＯＲＥ』）

秋のおしゃれに対する関心を、それぞれの工夫で引きつけようとしています。それでは、次のページからより細かい「雑誌研究」をしていきましょう。

2 雑誌研究（１）顧客の「タイミング」を知る

雑誌を使った顧客研究で最初にしてほしいのは、特集に注目することです。今月号を買ってくると、巻末に来月号の予告も入っています。この２回分の特集を見るだけでも、トレンドが少しわかります。試しに、若手ビジネスマンがよく読む『ＴＨＥ21』（ＰＨＰ研究所）の特集をチェックしてみます。

『ＴＨＥ21』２０１０年10月号

特集１「努力が上手い人vs下手な人はどこが違うのか？」

特集２「これだけは知っておきたい『儲けのカラクリ』」

『ＴＨＥ21』２０１０年11月号

特集１「時間をかけず効果てきめん！『一分間整理術』」

特集２「仕事ができる人のノート術&手帳術」

不況で危機感を抱いたビジネスパーソンの自己啓発意欲が増しており、ここ数年ビジネス書のヒットが続きました。この2回分の特集は、研修やセミナー・書籍のキャッチコピーや文具店の販促ＰＯＰに応用できるでしょう、特に「11月号」に手帳術がきているのは、理にかなっています。来年の手帳が本格的に並び始める時期ですね。

雑誌が特集する内容は、コンビニや広告で消費者も目にしてキーワードを気に留めています。自社商品が、特集内容に該当するかどうか、常に意識しましょう。

次にしたいのが、特集内容を1年分並べてみること。バックナンバーはネット書店で購入するか、図書館で見ることができます。タイトルだけなら、雑誌社のサイトにあることも。年収２００～３００万円クラスの主婦をメイン読者とする『サンキュ！』（ベネッセコーポレーション）の２０１０年の特集を一つずつ選んで、並べてみましょう。

1月号　簡単なのに、本格派☆パパっとできちゃう、きちんとおせち
2月号　あぁ、今年もやっぱり正月太り……でもだいじょうぶ！
3月号　確定申告&届け出で！もらえるお金をガッツリGET!!
4月号　なぜか貯まる！「貯め力」ＵＰ大作戦!!
5月号　食費月1～2万円なのに節約に見えない！脱マンネリ1週間献立　朝・昼・晩

6月号　最強下半身ダイエットを一挙公開！ビキニが着られるお腹になる!!
7月号　狭いのに料理も片づけも超早い！効率のいいキッチン収納
8月号　夏に食べたい！ベストヒット居酒屋おかず50
9月号　ＩＫＥＡ&無印良品ならだれでもスッキリおしゃれ部屋が手に入る!!
10月号　年末までに　10万円貯まる！
11月号　秋のごちそう100円台おかず40＋みそ汁レシピ30
12月号　マネするだけで、ラクラクお金が貯まる！

「食費月1～2万円」「年末までに10万円貯まる」、不況を感じさせる特集が目立ちます。節約特集はほぼ毎月組まれているので、主婦向けに物を売るつもりだった人はアプローチを考え直す必要があります。

1月号はおせち料理、6月号は夏前のダイエット。どの時期に何の特集が組まれているかをチェックすれば、販促のタイミングがわかります。

また、消費者の人生の上での「タイミング」も、昔の感覚で考えているとズレが生じます。メイク特集は中学生雑誌に掲載されていますし、小学館の雑誌『小学5年生』『小学

６年生』が廃刊になったのは、性差による興味の差が原因の一つ。小学生女子は『ニコプチ』（新潮社）を読んで読者モデルに憧れ、男子は『コロコロコミック』（小学館）を読んでゲームや漫画の話に興じている。30代独身女性は未だに「女子」と言い切りますし、最近では40代でも平気で「オトナ女子」「ガールズトーク」とのたまいます。

雑誌研究で浮かび上がった読者像を「顧客全員」ととらえる決め付けは危険ですので、その点だけはお忘れなく。その上で、積極的に活用してください。雑誌には読者の成熟度や興味関心を判断する材料がたっぷり詰まっています。一年を通じたタイミングと、人生におけるタイミング、そして「今」が最新の雑誌から見えてきます。

3 雑誌研究（2）「財布の中身」を知る

さて、特集をチェックしたら、読者層に一番売れている情報誌やファッション誌の内容を、細かく数えてみましょう。手元に経営者が読む雑誌『日経トップリーダー』（日経BP社）があります。まずは特集チェック。

第一特集　五感経営～中国企業にはできない、日本の十八番
第二特集　日本一のそば店チェーン・富士そば社長の「何でも自分社長」脱却講座

2010年夏の関心は、中国ビジネス。観光客の増加で、注目を集めています。特集以外の連載や商品情報も含めてチェックすると、この雑誌には28項目の情報がありました。これ以外の項目は、「カイゼン」「人育て」「事業承継」「銀行との付き合い方」「マネジメント」「発想力」「ビジネス書紹介」など、経営に役立つ情報が提供されています。社長の関心の中身や今後解決したい、予算をかけたいと思う話題が見えてきます。合間に高級ホテルやゴルフコースの紹介があります。プライベートで社長がお金を出す項目ですね。

私は研修や販促ツールを企業に売っていますので、「日経トップリーダー」の中身分析は「中小企業の財布の中身」を予測するのに役立ちます。発想力より人材育成の方に、ページ数が割かれている。メインで売っている「ビジネスアイデア発想法」より「自律型社員の育成研修」の方が求められているかもしれない、と考えて販促強化商品を選びます。

自社サービス・商品のライバルは、同業他社とは限りません。理想の顧客の財布の中身、予算を知るのに雑誌研究は役立ちます。また、読者層がかぶる専門性が高い雑誌、経営者の場合はゴルフ雑誌や財テク誌もチェックすると、意外なアプローチ法が見つかることがあります。

そして、もう一つチェックしておきたいのが雑誌に出ている広告です。先ほどの『日経トップリーダー』には、「ビジネスローン」「勤怠管理ソフト」「英語上達ソフト」「ビジネスセミナー」「販促ツール」が掲載されています。同じ財布を目指す企業と競い、経営者に自社商品を最優先課題に挙げてもらい、すぐに財布を開きたくなる状況にさせるにはどんな言葉を使えばいいか。実際に作ってみましょう。

「目先の売り上げに予算を使うか、一年後の強い会社作りのために使うか。

組織力を高める社員研修なら○○まで」
「銀行に借りる前にムダ取りを！
報・連・相の時短を実現する情報管理システム○○」

先ほどの主婦雑誌『サンキュ！』で項目を拾うと、「節約術」「マネープラン」「レシピ」「収納」「家事ノウハウ」「育児」「キャリアアップ」「美容」「人間関係の悩み」が拾えます。ページ数の多さが関心の高さ、財布を開く優先順位になります。この読者層にとって優先順位が低い美容商品を売るなら、上位キーワードに絡めるのがコツ。**「節約美容は洗顔が勝負！　美容液いらずの濃厚石けん」**とすれば、1000円の高額石鹸が売れる可能性が高まります。また、この雑誌の読者をターゲットにせず、「コスメ雑誌」の読者にアプローチする方針を取るのも、有効でしょう。

雑誌は、読者の興味に沿って作られています。ブログで集客やファン作りがうまい人は、顧客の興味を引く情報を盛り込んでアクセスを増やし、話題を自社製品につなげます。「ブログに何を書いていいのかわからない」と悩む人に、雑誌は参考になります。

あなたが税理士で名古屋に住む経営者にアプローチしたいなら、『日経トップリーダー』や『プレジデント』（プレジデント社）の内容を参考に、読まれる記事を考えます。名古屋の新オープンや注目企業を紹介する、事業承継の成功事例を取材する、法律の改正をわかりやすく解説する、名古屋で行われるセミナー情報を流す、経営に役立つ本を紹介する……雑誌を参考にすれば、ネタはたっぷりあります。顧問先を増やしたいなら、ライバルは名古屋在住の税理士だけではありません。社長が検討中の「経営コンサルタントとの契約」「サイトリニューアル」「人事考課システムの見直し」と予算を争うのです。

真の競合は同業他社ではなく、同じ顧客に物を売りたい全ての人。たとえば、ユニクロがブラトップをヒットさせた２００９年、下着メーカーは夏のブラジャーの売り上げを落としました。「ライバルは他社のブラジャー」ではなかったのです。

新たな競合は日々生まれています。雑誌研究を活用して、商品開発・販促・宣伝に反映していきましょう。

宿題

一つの雑誌を読み尽くして、掲載されている項目を拾いましょう。ページ数や記述が多い順に並べると、優先順位が見えてきます。

4 雑誌研究（3）「見た目」を学ぶ

キャッチコピーを読んでもらうには、言葉の力だけでは足りません。「デザイン」は重要です。本当に大事。写真1枚の選び方、配置の仕方、色遣い、書体。もっと言うなら、経営者やスタッフの身なりを含めて、見た目が与える印象は大切です。

雑誌のビジュアルは、理想の顧客が好むデザインや色遣い、あこがれるモデル像を教えてくれます。研究して活用すれば、「キャッチコピーはいいのに当たらないチラシ」を克服できます。10代、20代前半のギャルファッションに興味がある女の子に物を売るなら、2010年現在は文字の間にラインストーンの写真を埋め込んだデザインが人気です。反応が早いネット通販ではバナーにしっかり取り入れています。文字が小さくぎっしり詰まった感じで作る、合間に絵文字や手書きの字を取り入れるといった工夫は、雑誌『小悪魔ageha』（インフォレスト）、『ポップティーン』（角川春樹事務所）などから学べます。中学生が読む『ニコラ』（新潮社）、『ピチレモン』（学研パブリッシング）でも、キラキラが

『ニコラ』

『小悪魔ageha』

『日経WOMAN』

『日経マネー』

いっぱい詰まっています。

投資や副業セミナーを売るなら、50代あたりは『日経マネー』（日経BP社）、『週刊ダイヤモンド』（ダイヤモンド社）のビジュアルが参考になりますし、20～30代男性なら『BIG Tomorrow』（青春出版社）、女性向けキャリアアップセミナーは『日経WOMAN』（日経BP社）のモデルの使い方、写真と文字のバランスが参考になります。

私はこの「雑誌のデザイン研究」を楽しんでいるうちに、インタビュー記事やお店の特集記事に見えるチラシ「ヒトマガ（人・マガジン）」シリーズを作ってしまったほどです。

皆さんも、作ってみてください。顧客が読む雑誌のインタビュー記事を参考に、見出しや写真を入れてA4 1枚程度のサイトやチラシを作ります。その時、人物写真の重要性に気がつくでしょう。転職雑誌のインタビューでは、笑顔で動きのあるスタッフ写真が使われています。経営者インタビューは、質問に答える斜め横からのショットが多い。サイトに使う写真の撮り方、使い方の参考になります。

お店の撮り方、食べ物や商品の撮影も同様です。料理だけを写すより、モデルを入れて楽しく食べている雰囲気の写真を撮る。アクセサリーやバッグなら、身につけた状態で撮る。インターネットで撮影代行会社を探すと、モデル付きの撮影サービスが見つかります。

営業マン専用・雑誌のインタビュー記事風チラシ
『ヒトマガ』　詳細はhttp://hitomaga.com/

中小企業の販促・宣伝に関わっていると、「もっとデザインにお金をかけてください！」と叫びたくなることがあります。商品パッケージ、チラシ、看板、ホームページ。内容が良くても、キャッチが良くても、デザインのダサさはカバーできません。除菌スプレーを売っている会社から、チラシをもらいました。そのチラシは致命的にモデルがダメでした。予算が無くてスタッフを使ったのでしょう。茶髪、それも一見ヤンキー風のロングヘアの女性が、除菌スプレーを使っている写真でした。清潔を売りにしているのに、これではイメージダウンです。いっそ、手のアップにするべきです。その時、派手なネイルの手では台無しなのは、言うまでもありません。

パッケージで、お金をケチって損している土産物や美容商品をたくさん見かけます。特に夢を与える商品や、必需品でないものはデザインに気を遣ってほしい。そういうと、都会的で洗練されたデザインだと思いこむ人もいます。そうではありません。顧客が商品の価格帯やイメージに求めているデザインを選ぶのです。

効果的なデザイン事例として、**「ばばあの梅酒シリーズ」**（紀州鶯屋）があります。しわくちゃの婆さんのイラストと、筆文字のロゴ、パッケージの色やパンフレット、サイトまで「これぞ地方発の魅力、お土産として買いたくなる、ブログで人に見せたくなるデザイン」と感心します。ぜひご参考に！　http://uguisu-ya.com/

デザインをそのまま模倣するのではなく、うまいと思うエッセンスを見つけて、取り入れるのです。スタッフ写真をサイトやチラシに掲載する際の、アングルや場面設定、フォント選び、文字の大きさ、イラストや図面の取り入れ方を参考にします。決して、雑誌のデータや文章をそのままチラシやウェブに使わないように！　必要であれば使用許可を取り、引用のマナーを守りましょう。また、**雑誌のモデルや取り上げられているタレント・文化人は、「理想の顧客が憧れている人」たちです。**スタッフの見た目を整える際の参考になります。一度、痩身エステサロンの体験で、マツコ・デラックス……とは言いませんが、どすどす足音を立てて太ったエステティシャンが現れた時、すぐに帰りたくなったことがあります。顧客の抱くイメージを崩さないでほしいものです。

5 雑誌研究（4）文体を学ぶ

雑誌から理想の顧客の1年や人生のタイミング、財布の中身、真の競合、ウケる見た目について学んできました。最後にようやく、「文章の書き方」を学びます。

私は販促物のライティングをやる一方で、教育雑誌を中心にライターもしています。たまにライターになりたいという人が「プロになって自分らしい文章を書きたい」と言うのですが、プロライターに求められるのは「媒体に適応する文章力」です。個性なんて出すだけ迷惑、雑誌のテイストに合わせた文章を書く力が最優先です。もちろん、その中に視点のおもしろさや比喩の使い方がうまい人は存在します。しかし、基本は「媒体の色に染まる」能力が求められます。私はビジネス書を書く際は、「です、ます」に「〜ね」を混ぜる、語りかけ口調で書いています。文体を変えてみましょう。

「販促コピーを書きながら、雑誌のライターもする。主に教育雑誌だ。たまに、ライター志望者から相談される。『私らしい文章を、憧れの雑誌で書きたいんです』。迷惑な話だ。

ライターに求められるのは、『自分の個性』ではない。『雑誌の個性』に合わせる能力だ」

こう書くと、高圧的で評論家風になります。読んでいて不快感を覚えた方もいるでしょう。信頼感を出すのには使えそうです。顧客の好む文体を知るには、やはり雑誌のコピーや文章が役立ちます。

あなたが、住宅ローンの借り換えを促したい銀行マンになったと考えてください。まず、30代で、家計の見直しを考えている女性が読んでいる雑誌を買ってきます。慎重派の高学歴主婦にアピールするなら、『プレジデント・ファミリー』が参考になります。２０１０年３月号の特集を参考にしてみましょう。

「子供への優しさが家計を苦しめる　学費が貯まる暮らし方
習い事をやめさせていいか、安い塾に変えていいか。
夜、子供を家に残して母が働いていいか……実は、そんな心配は無用です」

「である・だ」を続けて、最後に優しく「です・ます」文体を混ぜる方法は、正しい文章の書き方として間違っているとされます。しかし、コピーライティングやブログで効果を発揮することがあります。固い文章で引き締めておいて、ふわっとほぐす書き方。住宅ローンをアピールします。

「**ボーナスが減った。給料が減った、不安が増えた。**
　安心してください。○○銀行の住宅ローン借り換え無料相談会」

同じ商品を、『おはよう奥さん』（学研）の読者層に売ってみましょう。

「**子ども手当てはこの先どうなる？**
　教えて！　子どもにかかるお金『いくら？　どう準備する？』」（2010年10月号）

先ほどより、少しくだけた文体です。「住宅ローンの支払い、今のままでいい？」と呼びかけを取り入れると、良さそうです。

ギャルママに人気の雑誌『I Love mama』（インフォレスト）は、こんな文体。

「**ヘルシー&節約の神ココに降臨★ママは豆腐に恋してる♥**」

彼女たちが家を買う時、どんな文体でアプローチしましょうか。「**節約ママは知ってる★住宅ローンの借り換えワザ**」……極端だと思うかもしれませんが、この雑誌に「株式会社保険見直し本舗」の広告が出ていました。

「保険って難しくてよくわかんな～い！　でもちびコの将来のことはぶっちゃけ心配……そんな美ママに、やさしく保険の相談にのってくれるところがあった～★45社の中から、美ママにあった保険をピックアップ！」

ギャルママ雑誌は派手ですが、よく読むと子供への愛情や節約意識が詰まっています。

「どんな言葉なら彼女達に伝わるか？」を考え、コピーを練れば客層が広がります。

相手に届く文章を書くには、相手の語彙力、一度に読める文章量、流行りの言い回しや文体を知っておかねばなりません。知らない言葉を、前後の文脈から想像して理解してくれるほど、暇で優しい消費者はいません。読者を獲得している雑誌は、読者ニーズに応えることを目指して文体や伝え方を工夫しています。

伝えたい内容が文章だけで届かない場合は、イラスト・図表・写真・漫画の活用も視野に入れたいもの。「台所の収納力アップ棚」を売るのに、言葉だけでは限界があります。棚の中に入る全ての食器や調理器具・調味料を外に出して写真を撮り、「これだけ入るんです！」とキャプション（写真の解説文）をつけるだけで、収納力が一目瞭然！　シニア向けのチラシの場合は、雑誌の文体だけでなく、文字の大きさを参考にしましょう。

6 ネット研究（1）顧客の悩み

ここまでは、雑誌を通じて「ネタ帳」を充実させてきました。ここからは、理想の顧客の本音を集め、第2章で作った「くどきコピー」の精度を高めていきます。本音を集める際、店内アンケートやモニターによる意見収集も有効です。キャッチコピーに活用できるお客様の声を集められます。

進学塾の校長だったころ、チラシに使ったアンケート項目は以下の4点でした。

（1）塾に入る前の悩み
（2）なぜこの塾を選んだのか
（3）入ってからの子どもの変化
（4）入れてよかったと思うこと

この4点を面談やアンケートを通じて入手しておき、似た悩みを持つ見込み客へのアピールに使っていました。

「算数が苦手なんですね。過去にそういうお子さんがいまして、学校の勉強にもついていけなかったんです。それで、算数担当者と相談して、前の学年の内容に戻って計算練習を毎日やる別課題を出したんです。最初は『前の学年の教材なんて』と言ってましたが、少しずつ自信をつけていき、３カ月で前から通っていたクラスの子に追いついたんですよ」

と営業トークで語りかけます。キャッチコピーにするなら、

「もう悩まない！　お子さんの算数ギライを直します。○○進学塾のじっくり算数講座」

とまとめます。満足度を聞くためだけにアンケートを使うのは、もったいない。「キャッチコピーに使う」という観点で項目を練り、掲載の了承をもらうことをおすすめします。

ただ、業種によってはアンケートが難しいところもあります。タクシー、美容院、薬局、エステ、書店、スーパーなど、よく出かける先を思い出してもアンケートを渡されたことはほとんどありません。仮にもらったとしても、本音がなかなか集まりにくい。

こんな時に、ネットが活躍します。子どもを産んでしばらく、ちょっとしたことでもネットで検索してはQ&Aサイトに助けられていました。アンケート結果もたくさんあります。私がホームセンターの販売員だとしましょう。ＤＩＹ（日曜大工）でよくある悩みを探してみます。「教えて！　goo」の「ＤＩＹ」のカテゴリに、質問が並んでいます。

「机の塗料がはがれてきたので、自分でニスを塗ったら熱い物を載せると跡がつくようになった。強い塗料があれば教えてください」「家の室内壁に物をかけるため、石膏ボードにビスを強く留めたい」「身体にフィットする椅子を自作しようと思っています。何か最適な素材はありますか?」さまざまな質問があり、詳しい人が回答を寄せています。いろんなニーズがあるのだなと勉強になりますし、私がホームセンターの店員なら販売商品とどう結びつけるか考えます。私は日々、仕事用のイスで悩んでいるので、「イスの自作」でフェアを組みたいなと思いました。

「究極のフィッティングチェアは自分で作る！　○○ホームセンターがお手伝いします」

または塗料の質問が多いので、店内ＰＯＰや通販サイトに次のようなコピーを入れても。

「塗り直しで新品そっくり！　お得な塗料の選び方・塗り方教えます」

不況とエコの時代にささるキャッチコピーですね。

顧客の悩みを見つけたら「言葉のネタ帳」にメモをしておく。営業マンなら会話の切り口になりますし、キャッチコピーに応用できます。私が塾にいたころ、ネットはそれほど普及していなかったので、子どもがいない私にとって保護者の悩みは未知のものでした。

面談を行って本音を聞き、想像力を駆使してしのいでいました。今も、家を建てたことのない住宅の営業マンや、自分はサラリーマンなのに経営者をくどかなければならない、法人営業マンがいることでしょう。そんな時、雑誌やネットでの「悩みチェック」は役立ちます。「家を建てる人の悩み」を調べておいて、相手より先に**「家を建てる時って、何を置いても予算の悩みですよね」**と切り出す。

「社員１００人規模の経営者の悩み」を事前に調べておき、社長に相談される前に、**「経営の悩みって、ほとんどが人の悩みですよね」**と投げかけてみる。相手は「そうなんですよ」と身を乗り出してくる。前に出てきた「わかってるよの法則」ですね。

広告に言われて、初めて気づく「潜在的な悩み」もあります。私が30歳過ぎて歯列矯正をしたのも、広告で見かけた**「歯並び、諦めていませんか？　大人でも間に合う歯列矯正」**というコピーを見たのがきっかけでした。矯正は子供のものと思いこんでいたので、長年の悩みが解消されるかもしれない、と安心したのを覚えています。

アンケート、接客、雑誌やネット研究を通じて「顧客の悩み」のネタ帳を作ることで、売れるキャッチコピーが次々と出てくるようになります。お試しください。

7 ネット研究（2）「レビュー」を探す

あなたの商品・サービスを買った人は、どんな感想を持っているでしょうか？ 先ほどの章で「塾に入って子どもが変わった」「よかったこと」を質問項目に入れました。悩みが「ビフォー」の状態なら、解決した後は「アフター」の状態です。お客様の喜びが新鮮なうちに、ぜひコメントをもらっておきたい。塾では合格したらすぐに合格体験記を書いてもらっていました。セミナーの感想は、終わってすぐにもらわないと回収できませんし、文章にこめられる熱が冷めていきます。

自社や店舗で取らなくても、勝手に感想を書いてくれる人が増えました。私は書籍を出しているので、アマゾンにレビューが掲載されています。ブログで書いて下さった方、ツイッターで感想を教えてくれた方もいます。これらがすべて、ネットで公開されている。

広報セミナーで「ネット社会のお化粧はがれやすい」と注意を促しています。プロに撮ってもらった写真をさらに加工して広く見せる、料理は取材の時だけ多めに盛る、インタビューでは普段やっていないくせに「顧客満足の徹底」と話す。記事になって、雑誌を片手にお客さんが来ます。マスコミ情報でお化粧され、期待値が上がっています。店内の雰囲気、出てきた料理、接客。これらがもし期待値より低かったら、どうなるでしょうか。

以前なら、一緒に来た人と愚痴を言いながら帰り、知人に「雑誌に載ってたあの店、大したことないわー」と話す程度です。しかし、今は違います。刺身の盛りが少なければ携帯で写真をパチリ。「雑誌に載ってた居酒屋Aなう。刺身のしょぼさにがっかり～」とツイッターにその場で流されてしまう。彼女のフォロワー（彼女の書き込みを読んでいる人）が、その発言を引用して広める仕組みが、ツイッターにはあります。「こりゃひどい」「俺が行った時もひどかった」「その辺なら居酒屋Bがおすすめ」と悪評が瞬時に広まり、競合店にお客を奪われる可能性があります。

お化粧はあっと言う間にはがれる。私は飲み会の幹事を受けると、「食べログ」をチェックします。広告料をもらって掲載しているサイトでは、「きれいな写真と広告文」しか出てきません。しかし「食べログ」には容赦なく、携帯で撮った料理写真と味や接客についての厳しい意見が並んでいます。ホテルなら楽天トラベルの口コミをチェック。お取り寄せのカニや洋服も楽天、本やCDはアマゾン、家電は価格ドットコム。ブログ検索も効果的です。自社に対して厳しい意見をもらうと落ち込むかもしれません。でも、ここで逃げては成長はない。なぜそんなレビューが出たのかを、真剣に考える必要があります。

レビューをわざわざ労力を使って書く人は「感激した、自慢したいから書きたい」か、「腹が立つから書きたい」か、「レビューを習慣化しているから書く」専門性の高い人かのいずれかです。これに加えるなら「知人・友人だから」が理由になるでしょう。

いいレビューを書いてもらうための商品磨きの参考に、自社と同ジャンルの商品・サービスのチェックを習慣づけてください。また、自分が消費者として心動かされたレビューは、ぜひ言葉のネタ帳に加えたいもの。私は先日から1950〜60年代に活躍したR&Bの歌手、サム・クックのライブアルバムに夢中です。購入を後押ししたのはアマゾンの熱いレビューの数々、特にこの一文でした。

「最初に聴いて唖然、二度目に聴いて興奮、三度目には喜びと当時の観客に嫉妬さえおぼえる傑作ライブ」

続く文章も熱っぽく、聴かずにはおれない衝動で購入ボタンを押しました。そして期待に胸を膨らませて聴いた『ハーレム・スクエアー・クラブ　1963』は、私にとって至福の38分でした。ライブの楽しさ、ファンとの掛け合い、ヴォーカリストの才能と色気がぎっしり詰まっています。いいレビュアーには、比喩が巧みで情熱的な名文家がたくさんいます。ぜひ学びたいものです。

レビューだけでなく消費者が広告や商品をどう受け止めているかも、参考になります。ユーザーが、商品の使い方を工夫してネットで広め、ブームになることも。旭化成ホームプロダクツのクッキングシート、「クックパー」を使ったレシピが料理サイト「クックパッド」で自然発生的に話題になりました。メーカーはすかさず、**商品パッケージに人気レシピを印刷し、「クックパッドで大絶賛！」のコピーを入れて拡販に成功しました。**

ネット社会ではフットワークの軽さが求められます。メニューやＰＯＰ、チラシやＷＥＢにレビューを活用すると同時に、皆さんもいいものに出会ったら積極的にレビューを書いて、コピー能力を鍛えてください。この本のレビュー、お待ちしてますよ！

宿題

自社商品や同ジャンル商品のレビューで、買いたくなった文を集めましょう。

【顧客研究シート】

商品・サービスを求めている「顧客」を、より具体的にイメージするためのチェックシートです。
手元に、顧客が読む雑誌や新聞・WEBを用意してください。顧客へのインタビューと合わせて、解答を作ります。業種によって、より細かい項目設定をしてみましょう。

【法人が顧客の場合】※『日経トップリーダー』や業界誌が参考になります。

会社の業種	
会社の規模 業界内での位置づけ	
経営課題	
購入決定者	
競合商品*	
業界の将来性	

*競合商品＝あなたの商品・サービスの直接の競合と、その予算で導入を検討しそうな他の商品。

【個人が顧客の場合】※「よく読む雑誌・WEB」の特集や内容で、悩み事や競合商品がわかります。

年齢・性別	
職業・年収	
競合商品	
情報収集の手段	
好きな雑誌・本	
好きなテレビ番組	
好きなサイト	
悩み事	
欲しがっている 情報・モノ	

COLUMN 4

塾の営業トーク

私のキャッチコピーおよび営業力を培ったのは、前職の塾講師時代だとお話ししました。コピーと営業トークは密接な関係があります。私と入塾を検討している保護者（見込み客）とのやりとりを基に書いた文章がありますので、ご紹介しておきます。『大阪新聞』（現在は休刊）という夕刊紙の連載のため、面白く読ませることに重点を置いた文です。

今日は塾探しをしているお母チャンと、何とか入れたい私との攻防戦を実況中継しよう。「あのー、ちょっと塾の内容についてお伺いしたいのですが」「もし今お時間がよろしければ、教室でお話しできますけど」「え～っと」「お荷物も多そうですし、10分もかかりませんのでどうぞどうぞ」教室に入れる＝掃除や掲示物に自信がある証拠、迷わず入ることをお勧めする。互いにリングに上がって試合開始。

「何年生のお子さんですか？」「中学二年生なんです」「何中学校ですか？」「N市第２中学です」「あぁ～、最近ちょっと荒れ気味と聞いているのですが、どんな感じでしょ

う?」地元中学に強いところを見せる軽い先制パンチ。ここでは成績が今ひとつで塾通いを考えている家庭としよう。「そうなんですよ、友達に引っ張られ気味で成績も落ちかけていて……」「男の子さんですか?」「ええ」「いやー、中二の男の子さんには有りがちですよ。部活もされてます?」相手の応戦を防ぐべく、最初は質問攻めでウォーミングアップ。相手の体ならぬ口をほぐすのが目的である。

「サッカー部です」個人情報をもらったら次の攻撃が効く。「体育会系の部活をされてるお子さんは、体力ありますから中三の夏からでも挽回できますけどねぇ」名づけて〝別に入ってもらわんでもええねん〟パンチ。相手の攻撃意欲は薄れ、ほっとした表情になる。

さて第二ラウンド。「何か困ってはる教科はあります?」「英語なんですよ」「あー、英語ですか……。ひょっとして中一の後半くらいから苦手ですか?」こいつは裏技、高確率でヒットしまっせ。「そうなんですよ!」お母チャンの笑顔がぱっと明るくなる。「もしかしたら一人でできる程度の遅れかもしれませんし、テストで今のうちに一度力を見ておく方が安心かもしれませんね」「そうねぇ……」相手が再び応戦状態に入ったところで、一撃必殺の技を繰り出す。「塾は『高い買いもん』ですからねぇ。あちこち

の塾でテスト受けて、授業も体験してからゆっくり選ぶのが本人さんのためですよ。個別指導の方が向いているケースもありますし」あえてここで「他の塾も見てくれ」ということで「モノを売りつけられそうになる」ガードを解き、心地よくノックダウンされてもらう。後はテストの日程と次の面談を決め、和やかに握手をして試合終了。

このトーク、最初の質問である「塾の内容」には一切触れていないのにお気づきだろうか。ぐいぐいコーナーに追いつめるのでなく、「客の不安」を解消し最初の一歩を示す。そうすれば塾の利点を百並べるよりも効果抜群、勝率九割も夢ではないのである。

この文章を書いたのは、会社を辞めたばかりのころ。今のようにビジネスセミナー講師をやるとか、まさかキャッチコピーの本を書くとは思っていなかったころです。ただ、「顧客の不安を取り除く」ところにコピーや営業の根っこがあると、現場で体得していました。今も、同じ気持ちで取り組んでいます。

第5章

キャッチコピーの基本型

1 基本の型（1）呼びかけ

「キャッチコピーが書けなくて、悩んでいませんか？」

本の帯からこう呼びかけられて、自分に当てはまると読みたくなりますね。「ささる文章」の基本の型です。自分視点、お客様視点からの「言葉のネタ帳」に作りこみましょう。実際のコピーを作りましょう。ネタ帳から使いたい言葉を使い、「売れるコピーの型」に当てはめて完成させます。第5章では、より効果的に伝えるための型や言葉を実際に使っていきます。

あなたが、宅配クリーニングの経営者だとします。20代男性が住むワンルームマンションに、宅配クリーニングを売り込みましょう。手段はチラシを作って、ポスティングすること。言葉のネタ帳から、サービスと顧客の悩みをつなげた言葉を拾い出します。

●できること

クリーニングの受け取りと翌日宅配。専用ボックスでの不在時配達と受け取り。染み抜き。オプションで撥水・防臭加工。価格はやや高め。初回は20％オフ。ネクタイ・靴のクリーニングができる。

●顧客の悩み

クリーニングに出す暇がない。夏の汗のにおい。安い方がありがたい。翌日に間に合わせたい服がある。足の臭いが気になる。

これに、第4章の雑誌研究で集めた「財布の中身」や「タイミング」を検討材料に入れます。クリーニングの受注が落ちるのは夏です。冬物はクリーニングに出すアイテムが多くありますが、夏はあまりありません。最近のYシャツは形状記憶でクリーニングの必要がない。「夏のクリーニング」を売り込むには、工夫が必要です。

汗の臭いに悩むサラリーマンに、「スーツの防臭加工×翌日配達可能」を売る。オプションの「靴のクリーニング」も併せて売れそうです。あとは、次から紹介する型に当てはめていくだけ。「呼びかけ」を使いましょう。

①「～に悩んでいませんか？」「～に困っていませんか？」

「汗くさいスーツに悩んでいませんか？」と呼びかけて、「○○宅配クリーニングなら、今日出して明日お届け。臭いがスッキリ取れて防臭加工つき！」と続けます。悩みの呼びかけは、気にしている人に届くのはもちろん、それほど悩んでいなかった人にも「そう言えば汗くさいな」と気づかせる力があります。

［例］「**相続について悩んでいませんか**」（法テラス）

②「～を知っていますか？」

「自分の汗の臭いを知っていますか？」ドキッとしますね。別のアプローチで「宅配クリーニングを知っていますか？」とサービスそのものを教えるコピーにも使えます。「女性が嫌がる男性ナンバー1を知っていますか？……それは『くさい男』です！」と、アンケート結果を基に注意を促すことができます。自社ワードを当てはめましょう。

［例］「**AEDを知っていますか？　AEDとは、あなたも使うことができる、命を救う器械（心臓救命装置）です**」（日本心臓財団）

③「どうやって～していますか？」

「どうやってスーツの臭いを取っていますか？」と、相手の行動を尋ねるタイプの呼びかけです。聞かれた方は、「どうしてたかなー」と振り返って考えてしまいます。営業トークでも私は頻繁に使います。「お子さんはどんな状況で宿題をやっていますか？」と聞くと、「テレビをつけた部屋で……」とか「どうやってるのか見たことないです」と言う。そこで「家庭学習ってなかなか習慣づかないんですよね」と塾の必要性に話を持っていきます。

応用すると「どうやって汗の臭いを防いでいますか」、もっと具体的な質問なら「そのスーツ、前に洗ったのはいつですか？」という言い方もあります。

［例］**「使ってないクラブの収納　どうしてますか？」**

（ＰＯＷＥＲＢＩＬＴクラブ収納デカバッグ／横濱ゴルフ）

「呼びかけ」は王道で使いやすいので、困った時はまず呼びかけからスタートしましょう。営業マンは見込み客に尋ねる質問リストを、常に用意しておくと効果的。さらに、予想される回答と、その答えを受けて続ける営業トークを組織で共有すると、営業力がアップします。

さて、皆さんはどんな「呼びかけ」コピーを書きますか？

2 基本の型(2)「名指しする」

「キャッチコピーが書けなくて悩んでいる方へ」──まずこの本をめくってください。

「呼びかけ」に似ていますが、呼びかける相手を最初から選ぶ「指名型」のキャッチコピーです。「女性のみなさんへ」より「マイナス5歳若く見られたい40代女性へ」と具体的な方が、該当する読者に「私のことだ」と印象づけます。

[例]「雑穀ごはんは子供や夫が嫌いで続かないという方へ」(やずやの「発芽十六穀米」)

こんなピンポイントで指名されると、呼ばれた本人は思わず目を留めてしまうはず。第4章で顧客研究が済んでいれば、難しくありません。さっそく、当てはめてみましょう。

①「〜に悩む人へ」「〜に悩んでいる方へ」

「〜」の部分に顧客の悩みを入れ、解決法を提案するコピーです(第2章「『泣かないで』の法則」)。先ほどの宅配クリーニングを独身サラリーマンに売るならば「スーツの汗くささに悩むビジネスマンへ」となります。

［例］「**家賃滞納や賃貸トラブルでお悩みの家主様、管理会社様、ご相談ください**」

（賃貸トラブル相談所／南青山法律事務所）

②「〜したい人へ」「〜をしたくない人へ」

今度は悩みに注目するのではなく、購入や契約によって生まれる「いいこと」を期待する人を名指しします。定期預金の案内なら「老後はゆったり旅行を楽しみたい人へ」「老後の生活費を削りたくない人へ」の両方でアプローチできます。スーツのクリーニングなら「爽やかなビジネスマンでいたい人へ」「汗の臭いで嫌われたくないビジネスマンへ」の２つを並べて考えます。打ち消しを入れる方が強い印象を与えます。

［例］「**ダイエット中でも、ごはんが大好きでガマンしたくない！**

そんな方にぴったりなのが『ＤＨＣ米こんにゃく』です」（ＤＨＣ）

③「〇〇な人の〜」「〇〇な人のために作った〜」

これもプラスとマイナスの両方でコピーが作れます。「デキる女の手帳選び」とすればいいイメージですし、「忘れっぽい人のために作った手帳」となると「あなたは忘れっぽい人です」と指名されたことになります。

［例］**『残念な人の思考法』**（山崎将志／日本経済新聞出版社・２０１０年）

人は、自分が悪い状況に置かれることに恐怖心を抱きます。「残念な人」の文字を見た時、小心者の私は「自分が『残念な人』だったらどうしよう！」と焦って本を買いました。同じ人が多かったのか、ベストセラーになっています。「頭がいい人の○○・悪い人の○○」といった対比型もあります。「お金が貯まらない人のために作りました」と言われると、貯金箱や家計簿が売れそうです。

クリーニングなら「汗かきビジネスマンの新習慣！　夏はこまめにスーツクリーニング」「汗かきなビジネスマンのための宅配スーツクリーニング」となります。

④年齢、性別、立場、地域でくくる

名指しする際に、悩みや希望でくくる以外に年齢・性別・立場でくくるケースがあります。年齢だと「アラサー」「アラフォー」「R25」「R35」「団塊世代」「団塊Jr」「70年代生まれ」「平成生まれ」などとくくれます。

［例］ **50歳からの旅クラブ「50＋（フィフティプラス）」**（JR東海）

他にも「アラサー女子の常識・必須！　大人のマナー教室」「20代ママにうれしい！安カワ☆ママバッグ」「団塊世代の資金運用セミナー」と、年齢や立場で絞り込めます。

エリアが絞られた販促では「長崎市で英会話スクールをお探しの方へ」「山口県で税理士をお探しの社長さんへ」と地域名を盛り込みます。インターネットで検索する人は「サービス名＋地域名」で探すので、SEO（検索エンジン最適化）対策に効果的です。

「立場」は、家族の役割である「奥さん」「ママ」「パパ」「おじいちゃん」「おばあちゃん」「大黒柱」や、会社の役割である「経営者」「課長」「マネージャー」「新入社員」「接客業」「営業マン」等があります。そのほか、趣味や特性を表す言葉はたくさんありますので、商品に応じた「特性」を名指しします。「ペットを部屋で飼う人のための空気清浄機」「新管理職のためのコミュニケーション研修」と、該当者を集客します。

名指しを使うと、理想の顧客が「えっ、私のこと!?」と思わず見直してしまうキャッチコピーが作れます。「〜に悩む人へ」「〜したい人へ」「〜したくない人へ」の3パターンを、自社の商品・サービスで作ってみましょう。

手っ取り早く「売れるコピー」が書きたい方へ、おすすめの手法です。

3 基本の型(3)「会話文」を使う

「なんでこんなに問い合わせが少ないんだろう……」チラシを折り込んだあと、DMを打ったあと、数日間悩み続けたことはありませんか?

……と、会話で文章を始めてみました。話し言葉は共感を誘いやすく、「呼びかけ」「名指し」とともに効果があります。

[例]「もっと早く相談していたらよかった」(多重債務相談の広告)

お客様自身の声は、今まさに借金に悩んでいる人に効果的です。第4章で「お客さんの声を集めましょう」と示しました。その声をそのまま使えばキャッチコピーになります。みなさんも言葉のネタ帳から使えそうな言葉を少し加工して、ポンとおいてください。

①お客様の本音をそのまま書く

悩みや不満、願望をセリフにして書きます。この時、該当する理想の顧客が使わない言葉遣いをしないことです。広告を作る側と見込み客に年齢差や性差があると、言葉遣いにズレが生じます。汗のにおいを気にする20～30代男性の本音を書いてみます。

［例］**「え？　オレ、今、汗くさい？」　夏のスーツはニオイがヤバイ！**

○○の消臭加工つきスーツクリーニング

本音のあと、どうやって商品につなげるかもポイントです。［例］のように「セリフ＋説明＋商品・サービス名」という型で作ると、初心者でも簡単にコピーが作れます。

［例］**「尿漏れが不安で出かけたくない……」　あきらめないで！**

活動的なシニアのための高機能下着○○

もっと短くしてセリフ＋商品・サービス名にもできます。

［例］**「老後の生活費が心配だなぁ」　○○銀行にご相談ください**

②第三者の本音を書く

サービスの利用者ではなく、利用者が気にしている相手の本音を使います。パナソニックの「きれいなおねえさんは、好きですか？」という有名なコピーがあります。「呼びかけ」に見えますが、これは「予想される返事」を使った会話コピーです。ポスターやCMでは答えの部分は出てきません。しかし、「きれいなおねえさん？　好きに決まってるじゃん！」という男性の本音が見えています。

「『きれいなおねえさん』になりたいですか？」だったら、女性への呼びかけコピーになります。でも「なりたい」と素直に手を挙げるには、質問が生々しすぎる。「きれいなおねえさんは、好きですか？」の言わなくてもわかる答えの部分、男性の「好きです」という本音に女性はぐぐっと惹かれます。私も男性に好かれたい。特に20代の女性は、恋愛が一大事ですので、彼に褒められるためにキレイになりたい。

あなたは見られていますよ、「きれいなおねえさん」になればモテますよ、というメッセージを伝える、効果的なコピーです。これをスーツのクリーニングに応用すると、

［例］**「汗くさい男の人って、ちょっとイヤ……」あなたのスーツ、臭ってませんか？**

好かれる男の新常識・スーツクリーニングなら○○

過去には「おじいちゃん、お口くさーい！」と孫に言わせる入れ歯洗浄剤のCMがありました。孫ラブなおじいちゃん、おばあちゃんには衝撃が走り、慌ててポリデント（グラクソ・スミスクライン株式会社）を買いに走ったことでしょう。

顧客が気にしている、好かれたい相手のセリフを探してみましょう。

③「喜びの声」を使う

［例］**「なんでそんなに元気なのって、よく言われます」**（52歳・女性）

この手法は明快なので、解説は不要ですね。「汗の臭いがスーツにつかなくなりました！」（23歳・営業マン）とぽんと置く。あ、いいなと読者に思わせるのがポイントです。私は10年にわたるＤＨＣユーザーです。同封されている「お客様の声」のハガキをそのまま並べた「らくがき板」というチラシは、最強の「お客様の声」ツールです。手書きの文字で、商品がどれだけ効果があったかが情熱的に書かれています。

私がＤＨＣの通販を利用し始めた頃は、Ａ3用紙1枚程度のチラシに掲載されていました。今は新聞見開きの大きさに、１９０枚のハガキが並んでいます。消費者がハガキを真剣に書く理由は、商品の魅力以上に「ハガキが採用されたら商品1万円分プレゼント」の特典です。毎月１９０万円をかける以上の、売り上げ効果があるのでしょう。

皆さんも「お客様の声」を、真剣に集める方法を考えてみてください。この本の感想をお送りいただいた方には1万円分の……は無理ですが、コピーの無料添削を行いますよ！

「この本で売り上げが3倍に！」（飲食店経営・42歳）。こんな声が届いたら最高です！

4 基本の型（4）「機能」を示す

「使えるワークと事例がぎっしり！　売れるコピーが2時間で書ける速効本」

おいおい、自分でナニ書いてるんだと言われそうですが、この本の「機能」を表したコピーです。この型は、失敗コピーになる可能性もあります。

「バズ・マーケティングに欠かせないコピーライティング脳をインストール！

　インタラクティブなレクチャー形式であなたのビジネスを加速します」

機能を専門用語や奇をてらった造語で説明してしまうと、相手にはまったく伝わりません。法人向けビジネスのパンフレットやサイトに多いので、要注意です。その注意をふまえた上で、機能を表すコピーの型を使ってみましょう。

①「AをBにします」「～がAをBにします」

あなたの商品・サービスの役割、できることを短く言います。「この歯磨きは、歯を白くします」はシンプルですが、機能を表しています。理由をつけてもいいでしょう。

「細かい粒子が歯を白くします　○○歯磨き」。スーツクリーニングなら「いやな汗の臭いをスッキリ解消！　スーツの宅配クリーニング○○」とコピーができます。

[例]　**極細繊維がしつこい汚れを落とす**（マイクロモップ）

②「Bするなら〜のA」

商品・サービス名で終わるコピーです。「体言止め」は、リズム感が作れてやや強めの印象になります。ここまでにも、事例の多くで使ってきています。「忙しいビジネスマンをサポートします　翌日宅配の○○クリーニング」。このサービスがなぜ忙しい人をサポートするのかの理由は、「翌日宅配」になります。これを「忙しいビジネスマンをサポートします、○○クリーニング」では弱い。機能が実現できる理由をこの後に続くコピーで説明するか、短く盛りこむかを、意識してください。

[例]　**効く！　虫よけの決定版！　天然わさび成分配合【米びつくん】**（レック株式会社）

この場合「米びつの虫よけに効く」が機能で、「天然わさび成分配合」が理由になります。商品パッケージのコピーですので、短く言い切って印象づけています。

③数字で機能を表す

第3章の「数字を『探す・借りる・作る』」で見つけた数字のうち、機能を表すものをコピーに入れます。時間の長短、コストカット、性能アップ、量を表す数字など、たくさんコピーに使われています。宅配クリーニングで言うなら「24時間以内にお届け！急ぎのクリーニングに対応します」または「消臭効果が1カ月続く！　汗かきビジネスマンのためのスーツクリーニング」と数字を入れます。

［例］三次元マスク　新型立体構造（ダブル加工）

空気中の微粒子（0・0001㎜）を99・9％カット（コーワ　クリーンライン）

「10分へアカット」のQBハウスや、「280円均一居酒屋」は数字が「できること」＝機能を明確に表しています。「早くて雑」「安くてまずい」と思われないよう、チラシやサイトでしっかり理由を説明しています。

あなたの商品・サービスは何を目的にしているのか、お客様に何を提供できるのか。たとえば、株式会社クリナップの企業理念は「家族の笑顔を創ります」という①の「AをBにします」型のコピーです。その理念に基づき、家族で料理を楽しくできるシステムキッチンや清潔な洗面台の開発を行う。会社コピーとしては第3章の「理念を言葉にする」でお話しした通り、しっかりと会社の柱になっています。

しかし、中小企業の商品説明や個人アピールの場合は、「理念」だけコピーでは集客できません。「機能」説明コピーとセットで提供すべきです。

一度「元気プレゼンター」（ちょっとアレンジしてます）なる人の名刺をもらい、「どうやって『元気をプレゼント』できるんですか」と興味本位で尋ねたところ、「いつもポジティブオーラを発しています！」という謎の返事でした。「健康な食生活をアドバイスする栄養士です」「悩み解決のカウンセラーです」「明るい声を出すためのボイストレーナーです」等であれば納得しますが、彼女が何者かわからないままで、話は進みませんでした。

これは極端な例ですが、キレイごとだけの理念商品を抱えて、売れないなーおかしいなぁと思う人や店舗は、意外に多いのです。士業の方でも、「日本を平和にする司法書士」より「相続トラブルを予防する司法書士」の方がわかりやすい。その上で、「日本を家族間の揉めごとがない国にするのが使命です」と言われれば、筋が通ります。

この本は「ワークを通じて、売れるコピーが書けるようになる」機能があります。

売り上げＵＰで景気向上、雇用拡大！「日本を元気にする」のが、この本の使命です。

5 基本の型（5）「違い」を強調する

「こんなスゴ本、今までになかった！
サルでも売れるコピーがざくざく書ける・革命的キャッチコピー本」

下品なほど強めに書いてみました。本やセミナーの紹介文で、「今までにない」「前代未聞」「誰も言わなかった」と書いて引きつけるものを見かけますが、その人がよく調べていないか、知っててハッタリかましているケースが多いものです。ほとんどのノウハウは昔から言い尽くされています。さっきのコピーは第1章で言うところの大げさな「JAROコピー」ですね。

嘘や大げさはいけません。しかし、競合他社とは違うんだぞ、ウチは凄いんだぞと強調するパターンは、知っておくべきです。

①「ナンバー1」になる

塾の校長時代、上司に「何でもいいから地域ナンバー1」を作れと言われました。出店2年目、合格実績はまだ出てないし、生徒数もナンバー1ではありません。苦しまぎれに「地域ナンバー1の愛情塾」とチラシに書いて出しました。今の私なら「授業時間数ナンバー1！　徹底指導で成績アップ」と書き換えたい。前述しましたが、調べてみると講習の授業時間が、そのエリアの塾で一番長かったんです。一番は目立ちます。相手に信頼感をもたらします。宅配クリーニングでも「地域ナンバー1の安値」「スピード」「実績」とあれば、知らない名前でも目に留まります。私も週間ランキングでの「全米1位」にだまされて、何度つまらない映画を観たことか。

［例］　**車査定なら買取実績ナンバー1のガリバー**　（ガリバーコーポレーション）

最近多いのが「顧客満足度ナンバー1（オリコン調べ）」「支持率ナンバー1」「リピート率ナンバー1」といったコピー。ナンバー1は「言ったもん勝ち」の風潮があります。言った以上は、それだけの成果を求められます。個人でも「プレゼン資料のわかりやすさナンバー1」や「お客様情報の詳しさナンバー1」を目指していけば、プロの仕事に近づいていきます。せめて「あいさつの声の大きさナンバー1」なら、今日からでもできそうですね。「一番宣言」からスキルアップを始めるのは、効果的です。

②新しさを強調する

「世界初」「業界初」「新機能」「新成分配合」……どれも新しさを一瞬で理解させる言葉です。第2章「オレに決めなよ」の法則でも出てきましたね。他社や今までのサービスと、どこか違うところを強調する。「新触感」「新感覚」や、先ほど宅配クリーニングのコピーで使った「ビジネスマンの新習慣」といった言い回しがあります。商品・サービスの新しくなったポイントを強調できますか？　そこまで新奇性が出せない時は、先ほどの「機能を数字で表す」方が向いています。

［例］**これまでの常識を変えた、四角四面の家。casa cube**（マキハウス）

新技術で実現。薄型・超軽量インソール（ソルボスーパーライト）

③「お墨付き」をもらう

「お墨付き」とは、権威のある人が承認・保証したもののことを言います。「特許取得」は定番で、「アメリカで特許取得」「7カ国で特許取得」と使われます。第2章の「彼はいいヤツだの法則」にあった「ハリウッドが認めた才能」や「宮内庁御用達」もそうですね。先日、あるネットのプログラムをどう売り込むかの打ち合わせをしていました。大学や研究機関での採用実績を拾っているうちに、社長がポロッと「NASAでも採用されてるんだよね」と言いました。「それは入れなきゃもったいない！」と取り入れることに。なぜか日本人は「ＮＡＳＡで採用」に弱いんです。試しに楽天市場で「ＮＡＳＡ」で検索をかけたところ、２万５０００件以上ヒットしました。

［例］**ＮＡＳＡが認めた！　低反発マットレス　トゥルースリーパー**

（ショップジャパン）

もちろん、根っこのビジネスモデルを工夫して「新しいことをしよう」というチャレンジも忘れずに。株式会社ＡＰカンパニーがオープンした和風居酒屋「日本橋紀ノ重」は、業界初の「三陸海岸で朝獲れた魚を、夕方には東京の店舗で出す」仕入れ改革を行いました。これがどのぐらい凄いことかわからない消費者でも、「東北水産業者の長年の夢だった」「実現不可能と言われた」東京への当日便と言われれば、新しさが伝わります。

真の新しさが無いのに、強いコピーをつけると上滑りします。

「ＮＡＳＡも採用！　売れるキャッチコピーの書き方決定版」「全米が泣いた！　愛と感動のキャッチコピー本」……見事に「すべりコピー」のできあがり。ご利用は慎重に！

6 基本の型（6）「たとえ」を磨く

「マンツーマンで家庭教師をしてくれるようなキャッチコピー本」

ここでは、キャッチコピーの伝える力をさらに磨く「たとえ（比喩）」を学びます。国語の授業で私が最も好きだったのが、詩の表現技法、中でもこの「比喩」の授業です。たとえの基本は「似たものを並べる」こと。２つ以上の事柄に、共通点を見いだして並べるだけです。小学校時代の、先生や友だちのあだ名を思い出してください。「ゴリラ先生」は、きっといかつい顔をしているはずです。ひどい話ですが、私に「鉄板先生」とあだ名をつけた生徒がいました。横顔が平板で寂しいのを、鉄の板にたとえられたわけです。悔しいけど、子どもは正直やなと感心しました。ある異業種交流会で「○○業界のイチローです」と自己紹介していた人がいました。どう見ても顔や体型はイチローより朝青龍だったので、「結果を確実に出す人」という共通項で言っていたのでしょう。

最初のコピーなら、家庭教師と書籍の解説の共通項は「わかりやすさ」です。皆さんのサービスイメージと似た共通項を持つ言葉を探し、次の型に当てはめましょう。

①直喩「〜のような」「〜みたいな」「〜のごとく」

直喩とは、見てすぐに比喩だなとわかる書き方です。この3つのパターンを使います。「まるで」を頭につけると強調されます。「まるで新品のような爽やかスーツに！　〇〇の宅配クリーニング」と当てはめればできます。「マシュマロのような肌」になるクリームは、マシュマロのふんわり感ときめ細かさを、美しい肌を触った感触にたとえています。特に食べ物、化粧品、寝具などの「食べる・触る」ものに効果的です。

［例］**Almost Bare Foot（まるで裸足のような）シリーズ**（クロックスのシューズ）

まるで雪のようなふんわ〜り！　やわらか〜い釜揚げちりめん（伊勢志摩魚屋　山藤）

②暗喩／隠喩

これは技が必要な項目です。直喩から「ような・みたいな・ごとく」を取り除き、一見比喩とわからないようにします。「キャッチコピーの家庭教師、派遣します」と書いてあったら、本当に先生が来るのだろうと勘違いします。この本の表紙をどんと写真で載せ、その横にこのコピーを入れて、さらに補足で「人気セミナー講師による『売れるコピーの書き方講座』が、本になりました」と書いてようやく伝わります。「オレの嫁がわりです。○○宅配クリーニング」はインパクト大だけど、ちょっとわかりにくい。作る手順は「ような」を入れて作ってから、取り除いて文字を整えます。誰でも作れますが、伝わりにくい可能性が高いことは覚えておいてください。

［例］「**天使のはね**」（ランドセル／株式会社セイバン）

「天使」は子供のたとえに使われます。その背中にあるものとして「羽」と「ランドセル」がつながっています。暗喩の上達方法は、うまい比喩に学ぶのが一番です。

③擬人法

人でないものを、人間のように扱う手法です。前に出てきた「**米びつくん**」は擬人化を使って親しみを出しています。キャラクター戦略でよく使われます。身の回りで探してください。「**むじんくん**」（アコム）と擬人化されると親しみが生まれる。そのせいで、借金を手軽にしたマイナス面があります。擬人法は、気安さを感じさせる力があります。

私は一時期、委託で空気清浄機をネット販売していました。その時、自分がペットを飼っていて臭いに悩まされていたので、愛猫の画像を使って「ああ、またもらしてしまった……飼い主に怒られる」とセリフをつけ、別の猫が店長として「この空気清浄機を使えば大丈夫！」と解説するページを作りました。猫好きが面白がって読んでくれ、５万円以上の高額商品でしたが、この「猫の手本舗」というサイトからよく売れました。「売り手を変える」手法は、実店舗でも使えます。流行の「猫カフェ」に入ったことはありますか？　店舗に入っただけでお金を取られ、飲食代は別、猫をおさわりして喜んでいる様は「キャバクラ」にそっくり。接待する女の子の役割を、猫が果たしています。

宅配クリーニングなら、スーツの気持ちになってつぶやいてみます。

「『そろそろ洗ってほしい！』あなたのスーツが怒っています。○○クリーニング」

今までの路線と違い、大胆なコピーになってきます。

このコピーは、あの有名なコピーを真似したものです。

「おしりだって洗ってほしい」（ＴＯＴＯ）

おしりの気持ちを考えて、代弁（洒落じゃないですよ）している、名コピーです。

「たとえ」は難度が高いので初心者にはおすすめしません。しかし、レベルアップを考える人にはぜひチャレンジしてほしい。まずは自社商品から連想を膨らませ、共通項のある比喩対象を探してください。**「イチロー並みの打率で当てる！　売れるキャッチコピー本」……三割一分五厘（２０１０年成績）**じゃ少ない？　うーん、比喩はむずかしい！

7 基本の型（7）「リズム」を作る

「書ける、話せる、売れる！　一社に一冊、一家に一冊
ネット社会の必携本『売れる！「コピー力」養成講座』」

くどいまでに畳みかけてみました。リズムを意識したコピーです。その代わり、犠牲になるのは丁寧さです。

「この本を読めば、売れるコピーが書けます、営業トークにも使えます、売れるんです！　一社に一冊あれば役立ちますし、ブログを書くお母さんにも使える本ですよ」という要素を、短くするとリズミカルになります。もし、今のコピーで反応が少ない場合は、リズム重視で説明が不足しているのかもしれません。調整しながら書いてみましょう。

リズムを出すには、次のパターンに当てはめます。

①短くする

「宴会の幹事になって困っていませんか？　居酒屋○○は豊富な旬の料理と、50種類のお酒が飲み放題のコースで、困っている幹事さんをサポートします！　１カ月以上前のご予約は20％割り引きます。宴会シーズンは混み合いますので、お急ぎください」

この文章を、短くしてください。まずは先を読まずに、考えてみましょう！　線で消してもいいですね。同じ語の繰り返しを避け、文末をシンプルにすると短くなります。

「居酒屋○○は幹事の強～い味方！　50種のお酒飲み放題&旬料理コースが１カ月前のご予約で20％引き。急いで！」

半分の長さになりました。もう少し縮めるとこうなります。

「幹事必見！　居酒屋○○の50種のお酒飲み放題&旬料理コースで早割20％オフ！」

外したくない要素は「宴会、50種のお酒飲み放題・早期予約は20％オフ」です。料理は外しても伝わります。キャッチコピーを作る際、絶対に伝えたいキーワードを３つ並べて整える方法と、長く書いて削る方法があります。両方で試して、書きやすい方を選んで下さい。短いコピーは、携帯メールやツイッターでの集客に効果的。ただ、縮めすぎると何のことかわからなくなるので、気をつけましょう。

短くすると語尾の「です・ます」や「である・だ」が削られるため、体言止めが増え、リズムが生まれます。「早割（早期予約で割り引き）」「安カワ（安くてかわいい）」といった流行の言い回しは、省略から生まれます。ネットで見慣れない省略語を見かけたら、成り立ちまでたどってチェックしてください。

②繰り返す・音を揃える

同じ言葉を何度か繰り返せば、リズムが生まれます。強調効果もあります。

［例］「**だいじょうぶ、だいじょうぶ**」（絵本のタイトル／いとうひろし）

これは反復法と呼ばれる表現技法です。1回だけ言われるより、ずっと安心感が高まりますね。キャッチが弱いなと思う時は、強調したい語を重ねてみます。「うまい酒」を「うまい、ほんとうに、うまい酒」と強くなり、リズムも出ます。

実際は、同じ言葉を重ねるより、語感の似た言葉を重ねる方が多いですね。「うまい、早い、やすい」（吉野屋）。これは、脚韻と呼ばれ、単語の最後の音を揃えるものです。文字数を揃えると、さらに軽快さが出ます。語頭を揃えるのは「頭韻」と言います。

［例］「**あしたが／あめでも／あなたに／あいたい**」

これは私が詩の授業で作った、「あ」で始まる4文字の語を並べた詩です。傘や長靴、雨で割引のカフェに使えそうです。ただ、頭韻のコピーは難度が高く、脚韻の方がおすすめ。鼻歌を歌うように、声に出しながら作りましょう。

「セブン、イレブン、いい気分♪」

③対句法・対義語

よく似た2つの文を並べ、対比やリズム感を出すのが「対句法」です。

［例］「**パパも一歳、ママも一歳**」（公共広告機構）

この広告は、赤ちゃんが1歳になった時、新米のパパもママもまだ1歳ですよ、心配しないでという意味です。脚韻と似ていますね。［例］のように、対義語を使うと対比が際立ちます。「夏すずしく、冬あたたかい外断熱の家」「子どもにおいしい、ママにうれしい」のように使えます。また、対立構造を際立たせる対句があります。「保険で損する人、得する人」「○○で成功する人、○○で失敗する人」……書籍のタイトルや特集タイトルに多いので、書店でチェックしてみましょう。

「**書いて儲ける人、書いて損する人**」この本の裏テーマでもあります。

さて、皆さんはどっちでしょうか？

8 基本の型（8）「疑似体験」させる

「表紙の写真に衝撃を受けて、立ち尽くしました。5分後、本を抱いて、ふらふらとレジへ。気がつくと、喫茶店に座り込んで、夢中でページをめくっていました。涙が何度もジワリ。ときどき、ニヤリ。1時間後、私は『いい顔』で本を閉じました」

私の本でこんな思いをしてくれる読者の方がいればいいのですが、これは私が写真家・荒木経惟の『いい顔してる人』（PHP研究所・2010年）に出会った時の話です。赤ちゃんを抱いたお母さんのヌード、満開の笑顔、タイトルの「いい顔してる人」。うん、ホントにいい顔だ！　と引きつけられて、買いました。そのシーンを細かく描写しています。

ここでは「購入後の様子を疑似体験させる」コツを学びます。

①擬音語・擬態語を使う

擬音語（擬声語）と擬態語の違いは、実際にその音がするかどうか。「さくさくと軽い歯ごたえ」は擬音語。口の中で、「サクッ」といった音がする。「さくさく片づける」は、調子よく片づける場面の様子（状態）をまねして作った言葉です。音や状況をイメージさせる語を用い、お客さんのイメージを膨らませましょう。

［例］**「じっくりコトコト　こんがりパンのはいったスープ」**

（ポッカコーポレーション）

「じっくりコトコト」はスープのシリーズ名で、インスタント食品なのに「丁寧さ」が表現されているのが秀逸です。「こんがりパン」も香ばしさが伝わります。逆に、悪い状態を表すのにも擬態語・擬音語は効果的です。「脱いだスーツがじっとり、汗の臭いがムッ。気になったら、○○の宅配スーツクリーニング」。リアルに疑似体験させることで、全く必要性を感じていなかったサービスが「自分ごと」になります。

また、「使いやすい」と思わせるのにも、擬音語・擬態語は使えます。「サッサ」（キンチョウ）は、化学ぞうきんのロングセラー。掃除の手軽さが、たった一言の擬態語で伝わります。「さっと広げてたっぷり干せる」（室内物干し竿）、「汚れ物をぽんぽん入れて、ボタンをピッと押すだけ」（全自動洗濯機）と表現すれば、動作がイメージできます。

②具体的に描写する

［例］**『メル返待ちの女　最近、彼からのメールの返事がめっきり減ったあなたへ。』**

（織田隼人／主婦の友社・２００５年）

書店で見かけた時、「うまい！」と思ったタイトルです。「メル返待ち＝メールの返事を待ち続ける女の子」の造語が「受け身の女」「ふりまわされる女」より具体的。一日何度も携帯をチェックしては、落胆する女の子の不安を、的確に描写しています。

より描写を細かくするなら、テレビＣＭを文字にする練習が効果的です。

「朝。出かける前に疲れ切った顔で、植木に水をやる主婦。台所に戻り、つい食卓のイスにどさっと座り込んでしまう。『だる重～……』とつぶやく」

これは「アリナミンＡ」（武田薬品）のＣＭの描写です。この後、アリナミンを飲んで元気に出かける姿が描写されます。コピーに使うなら「起きたばかりなのに、もう疲れている。ちょっとした家事なのに、カラダが重くてだるい」と縮めます。栄養剤、マッサージチェア、寝具、ストレス解消グッズに使えそうです。ちなみに、「だる重」という造語もうまいですね。リズムを作っています。

③「○○気分」にさせる

「疑似体験」は、第４章の「顧客研究」から生まれます。その人の生活や感情を思いやることで、言葉が導かれます。自社商品・サービスを使ったら、相手がどんな気持ちになるかを想像し、先回りして提示します。

［例］**「お姫様気分の　姫系モスキートネット」**（蚊帳）

「蚊帳」とは、蚊に刺されるのを防止する網で、かつては日本の夏の定番グッズでした。もはや需要は低下の一途と思いきや、若い女の子に人気とか。映画や絵本で見るお姫様のベッドには、天蓋という白いカーテンがかかっています。それを蚊帳で実現し「お姫様気分」になれますよ、と表現する。「ぜいたく気分」「しあわせ気分」など、プラス語がたくさんあります。マイナスの気持ちも、感情語で共感を呼びましょう。「うっとうしい」「面倒くさい」「だるい」。そんなマイナス感情をプラスに変えるのは、あなたの商品・サービスなのです。コピーで共感を誘いましょう。

［例］**『イライラ解消！　エクセル即効ワザ99』**（日経ビジネス人文庫・２００９年）

タイトルを見て、「そうそう、エクセルってイライラするんだよ」と、使用場面を思い出した方は、この本が欲しくなったはず。

「書けない、ネタが無い、伝わらない。イライラ解消！　売れるコピーの即効ワザ」

……共感した方は、この本を選んで正解です。

9 基本の型（9）「インパクト」を与える

「この本は、買うな！」

もし、この本の帯にこんなコピーがあれば、ぎょっとしませんか？　つい「え、何で？」と続く説明を読んでしまうでしょう。「買ってはいけない人（1）働かなくていいお金持ち（2）読むだけ評論家（3）売れっ子プロライター／この本は、書くことが苦手で困っている人のためだけに書きました」こう続けると、最初のびっくりが納得に変わります。「買うな！」と命じて、本当に全員に買ってもらえなければ困ります。人は常識に反するモノや言葉を見ると、強く反応します。型で覚えましょう。

①常識をひっくりかえす、常識に気づかせる

［例］「**揚げずにからあげ**」（ヒガシマル醤油）

出てきた時に驚いた商品。今は「揚げずにとんカツ」も出ています。常識を変えた商品ですね。「AしないB」「AなのにB」「AだけれどB」の逆説の型は、使えます。「汗をかいたのに臭わないスーツ　○○の防臭加工クリーニング」、「たっぷり入るのに重くないビジネスバッグ」、「高性能なのにお手軽価格」。自分のコピーに応用しましょう。

斬新な商品やサービスを作らなくても、相手の思い込みを変えるコピーは書けます。先ほど紹介した書籍『いい顔してる人』の帯から、アラーキーの言葉をご紹介します。

［例］「**いちばんの裸は顔だよ　過去も現在もすべて顔に出る。用心しろよ！**」

ドキッとします。このコピーが高度なのは「いちばんの裸は顔」という、「言われてみればそうだ、顔は裸だ！」と気づかされるから。「常識を変える」というより、「気づかなかった事実を教える」タイプのコピーです。かつて、チョコラＢＢ（エーザイ株式会社）が「**ほっぺの中と、外**」に効くとＣＭで教えてくれた時、「確かに、皮膚も粘膜も荒れるなぁ」と納得したものです。一つの題材を前に、違う説明方法はないかを考えてみましょう。

②マジックワードを使う

魔法のように、相手の思考を止める言葉です。コピーライティングの世界では「０円」「無料」といった価格に関する言葉、「奇跡」「魔法」「ミラクル」などマジックそのものの言葉、「天才」「金持ち」「美人」「モテ」といった欲望に直結する語が該当します。「世界初」「マスコミで話題の」「人気ナンバー1」などの強調語、「〜するな」「〜しろ！」の命令文、「東大生の〜」「脳科学で実証」も幅を利かせています。

［例］**話題騒然！　全国各地で幸福体験が続出した、あの〝しやわせのいし〟に問い合わせ殺到！　少女が招いた一等当選　2億円　少女の手作り「お守り」今回特別に本誌限定にて先着200名様へご提供させていただきます。**（開運グッズ）

マジックワード満載ですね。チラシには、札束を見せびらかしている体験者の写真。そして書棚の前で微笑む学者。幼児は人間が持っている「超能力」があり、うんぬん……と解説している白衣のオッさんの名前を検索してみると、実在していませんでした。

マジックワードは効果的です。ただ、お願いだから「だます」のに使わないでほしいと切望します。商品やサービスの良さを知ってもらうために、まず使ってほしい場合の手段として、使いましょう。

［例］**「金利・手数料はジャパネットたかたが負担します」**（ジャパネットたかた）

流通ジャーナリストの金子哲雄さんが、著書『ジャパネットたかた思わず買いたくなる〝しゃべり〟の秘密』（ぱる出版・2007年）の中で、このフレーズは「マジックワードどころかウルトラワード」と指摘しています。「金利・手数料は無料」より「ジャパネットたかたが負担」の方が、「そんなに親切にしてくれるなら」と心が動きます。

③思わせぶりにふるまう

男ってのはなんて「袋綴じ」に弱いんでしょう。私が仕事で買った男性週刊誌の袋綴じを、夫がビリビリ勝手に開けていた時に深く実感しました。「なんで開けるねん」と聞いたら「そこに袋綴じがあるから」と返ってきました。あながち間違いではなく、隠されると見たくなる好奇心が人にはあります。テレビの番組宣伝での常套手段ですよね。「あのタレントが号泣!?」と煽っておいて、ＣＭに入る。「続きはＷＥＢで」が常套手段になったのも、この「続きが気になる」心理を使ったものです。

［例］**「使い始めて３日目。あれ、髪の毛が……」**（育毛剤）

あえて最後まで書かず、途中で止めて続きを気にさせます。応用の型で「ラクしてキレイになる５つの絶対法則」のように、続くルールを読みたくさせるテクニック。

「この本には書けなかった劇薬級コピーの成功事例を大放出！　続きはＷＥＢで……」

半分ウソで、半分ホントです。興味のある方は「企画屋のネタ帳ＷＥＢ」へどうぞ！

10 心から語りかける

「買ってください！　私はコピーが悪くて売れない商品、サービスをこれ以上見たくないんです！　売れるコピーが書けるようになってほしいと心から願って、この本を書き上げました」

第5章は、この本のコピーとスーツの宅配クリーニングをサンプルに、たくさんのコピーを書いてきました。「お前の本の宣伝ばかりじゃないか」と怒られそうですが、事例だったので、ご容赦ください。ネタは同じでも、コピーには少なくとも10パターンある。もっと細かく拾えば、この本の中には50以上の「キャッチコピーの型」が出てきます。第3・4章で作った「言葉のネタ帳」から、第5章に当てはめてコピーを作っていく。苦手意識のある方でも、必ず「売れるコピー」が書けるはずです。その中で、もしテクニックに溺れて「カッコイイけどつるつるのすべりコピー」や「大げさでうさんくさいJAROコピー」になってしまった時には、一度、原点に戻りましょう。

自分が商品やサービスにこめた思いを、正直に言葉にしてください。

「買ってほしい」「こんな人に使ってほしい」「仕入れが大変だった」……「そんなのそっちの都合だろ」と思わせないためには、あくまで「お客様の利益」につながる本音を選ぶことです。それを、目の前にいるように、心をこめて語りかけてみてください。

ここで、第３章の「お客様を『教育』する」で紹介した岡山県津山市の「松本青果店」の店長・松本輝之さんによる文章を、３つご紹介します。

◆地方発送にもできるで

お中元に桃を送ってあげたいんじゃけど　ようけいはいらんのじゃ
そんなお客さんの声をよお聞くんじゃ　せえでな思いついたんが、
これじゃ５個入り化粧箱けえがえんじゃ１箱１９００円　どおじゃ
やしぃけどこの桃は糖度センサーとうとるけん　あたりはずれがないんじゃ
送料と別途２００円で地方発送できるで

◆スーパーの奈良漬たぁ訳が違うで

塩や酒粕ぅ惜しんじゃぁおえんで　塩漬けは充分に　酒粕にゃぁ二遍漬けかえるんじゃ
ここらが違うとこなんじゃ　まぁ一ぺん食うてみぃ　病み付きになると思うで

漬けもんだけじゃぁのぅて　ビールのあてにもなるんじゃ
じゃけど今年ぁ瓜が超不作じゃったけん
例年なら1P380円なんじゃけど　今年ぁ1P400円じゃ　すまん
まぁ白菜漬けと同様　毎年ヒット商品なんじゃ

◆卵1Pサービス中じゃ

買い物してくれたお客さんに　ずぅと卵1Pサービスしょうるんじゃ
もろーた方も、あげた方も気持ちが、ええがな、喜んでもらえるし
じゃけど、1000円位はこーてくれーよ　とーぶんサービスしょうるけん

私は松本青果さんの文章を「日本でいちばん美しい物売りの詩」だと思っています。いいの仕入れたよ、食べてよ、買ってくださいよ、自信ありますよと想いを込めて伝えている。松本さんのパソコンデビューは53歳から、マーケティングを学んだ経歴は一切ありません。私が日々、プレスリリースや販促物を作ってコピーを書き、こうして偉そうに専門家ぶっていますが、松本さんのコピーの力にはかないません。許可をいただいて、こうしてご紹介するのが一番だと思っています。

桃を贈るとき「ようけいはいらん（たくさんはいらん）」というお客様の声に応えて5個入りを作る。「糖度センサーとうとる」と、贈り主の不安を解消する。「スーパーの奈良漬けたぁ訳が違うで」と理由を添えて自信を見せる（本当にやみつき！）。値上げの理由を説明する。卵1パックサービスするけれど、1000円以上買ってね、と本音を伝える。私も生卵をもらい、大阪まで緊張しながら持って帰ったものです。

「今できなくてもええねん。ウチらはプロやで。絶対に成績あげたるから、心配するな」

これは、自分が塾講師として子どもに言っていたセリフです。国語が苦手な子どもがほしいのは細かい理屈より「できるようになる」という安心感。このセリフを言う時、私は強烈な責任感が湧いてくるのを感じていました。キャッチコピーや営業トークは、顧客に向けた宣言でもあり、約束でもあるのです。

「座右の銘」を持っている人は、その言葉が自分や周りの宣言になって、迷った時の判断になっています。たかが言葉と思わず、自分の想いや商売の目的を言語化してください。言葉にすれば、やるべきことが決まります。「有言実行」で行きましょう！

【キャッチコピー制作シート②】

① （p90）ではうまくまとめられない方は、この「基本型シート」に当てはめていきましょう！

1	「呼びかけ」を使う	例） あなたもテレビに出てみませんか？
2	「名指し」する	例） 売り上げに悩む経営者の皆さんへ。
3	「会話文」を使う	例）「最近、あの会社をよくテレビで見るな…」
4	「機能」を示す	例） あなたの会社の情報を、マスコミに発信します！
5	「違い」を強調する	例） 原稿の質に自信アリ！　プロライターが書くプレスリリース。
6	「たとえ」を使う	例） まるで御社の社員のように、情報発信を代行します。
7	「リズム」を作る	例） マスコミに情報を、企業に売り上げを。企画屋プレス。
8	「疑似体験」させる	例） 1枚のリリースを送った翌朝。社長の電話が鳴りました。
9	「インパクト」を与える	例） これ以上、広告費は使わないでください。
10	心から語りかける	例） 御社の「広報部」にしてください！　必ずお役に立ちます。

困った時には、第2章「くどきコピー」や第5章「基本の型」を読み直して「同じパターンに当てはめる」形でコピーを作ってみてください。必ず書けるようになります。

COLUMN 5

東海林さだお大先生に学ぶ

コピーライティングの勉強に役立つ本は、ビジネス書ばかりではありません。特に「視点」「比喩」を磨くのに、おすすめの作家がいます。漫画家としても有名な、東海林さだおさんです。私は彼の文庫本をお風呂の中で読むのが、至福の時。ほぼ全冊、我が家の東海林さだお本は湿気でぶよぶよです。

特に、書き出しが巧みです。例文を取り上げながらコピーに応用してみましょう。

●読み手に呼びかける

[例] 諸君。中年諸君。

諸君の腹部は、目下どのような按配になっているだろうか。

●うんちく・引用から始める

[例]「食事のときに水を飲むのは、カエルとアメリカ人と日本人だけ」

というようなことを聞いたことがある。

●事件から始める

［例］某月某日、わが家の畳の部屋にあお向けに寝ころんで、何気なく天井を見ている
　うちに大発見をしてしまった。

●自分の意見・感想を述べる

［例］ホテルというところは恐ろしいところである。

●個性的な比喩から始める

［例］回転寿司はお見合いである。

　すわって待っていると、相手が次から次へ、

　「あたし、どう？」

　と近づいてくる。


続きが気になりますね。チラシやＤＭには向かないのですが、顧客へのニュースレターやブログ記事の参考になります。ここで引用した「丸かじりシリーズ」は、一冊買ってみることをおすすめします。観察力、描写力、比喩や会話の使い方、構成力。そして「読者を楽しませる」ユーモアセンスが学べます。内容は、こう言っては失礼ですが、めちゃく

ちゃ「くだらない」のです。『偉いぞ！　立ち食いそば』（文春文庫・2009年）では、「富士そばのメニュー全制覇」に取り組んでいます。店員の様子、そばのゆで具合、トッピングの違いによる味の違い、自分の心理の変化……凡人なら「立ち食いそば屋でエッセイを書け」と言われても、一本書くのが精一杯なところ。東海林さだお大先生は、果敢に表現の限界とそばのメニュー全制覇に取り組むのです。

私が彼の本で学んだ最も大切なことは、「人を傷つけずに笑いを取る」手法です。毒舌が売りのタレントや作家がいますし、私も言葉がきつくなる傾向があります。ただ、うっかり投げた言葉が、誰かを傷つけるかもしれないという視点は、忘れないように心がけています。それでも、当たり障りの無いものを書くのはつまらない。面白い、ウケる文章が書きたい。そう思う方に、東海林さだお本はおすすめです。面白さを見出そうとする発見力、比喩のバラエティ、自虐ネタの使い方、とりあえずやってみる行動力など、「ネタを枯れさせないコツ」が詰まっています。

ただ、読むとすぐにでも富士そばに駆けこんで「春菊天」を載せたそばを注文したくなったり、電車に乗って「網焼き牛たん弁当」を食べたくなったりするのが難点。空腹時に読むのはご注意ください！

第6章

キャッチコピーができるまで

ここからは、登場人物を設定して講義形式でキャッチコピーの作り方を総復習していきます。気軽に読みながら、制作の流れを確認してください。講師である私と、販促を任されているリフォーム会社の20代男性スタッフ・林君の２人です。業種や関わり方は違うかもしれませんが、制作の流れはきっと役立ちます。

◆書く前の準備

山口「さて、**コピーを書く時に大事なのは『目的』と『使用ツール』と『想定読者』**です。最初に書き出してみましょう」

林「今回は、営業エリアに折り込みチラシをまきます。目的はゴールデンウィークに行う『リフォーム相談会』に来てもらうことですね。今まで問い合わせがあったお客さんには、メールやＤＭも送ります。家を持っている30～40代の主婦がメインの読者です」

山口「50代はともかく、30～40代は家族のイベントを振り切ってまで来てくれるかなぁ」

林「家族連れが楽しめる『手作りオモチャ工房』を開いて、イベントにしています。キッズスペースも作ります」

山口「さすが、きめ細かい！　それなら私も子どもを連れて行きたいです。雑誌は何を研究した？　リフォームに関心があって、林君の会社に合った客層が読む雑誌はなんだろう」

林「『STORY』『VERY』『Mart』（いずれも光文社）と『サンキュ！』（ベネッセコーポレーション）『クロワッサン』（マガジンハウス）を研究してました」

山口「読んでみて何に気づいた？」

林「皆さん、結構高い服着てるんですね！　独身なんで、カルチャーショックでした。だって、『VERY』に載ってるコートは10万円超えですよ！　ダンナさん、すごい稼いでるんだろうなぁ」（落ち込む）

山口「まぁまぁ、気を落とさずに（笑）。高所得層向けの雑誌は『憧れ欲求』を誘う側面もあるから、実際に読んでいるのは『あー私もこんなステキなコート着たいわぁ』と思いつつユニクロを着る私のような人も混じっているので、心配しなくて大丈夫。多分、顧客層にマッチしているのは『Mart』じゃないかなぁ。GAPやユニクロを着こなしてオシャレを楽しみ、ショッピングモールに気の利いた格好で出没する。キッチンはおしゃれだけど、100円ショップも賢く利用する感じだよね」

林「そうなんです！　特集の内容も『人気カフェの可愛い雑貨が流行中！』とか『持ち寄りパーティー』なんて言葉から、提案イメージが湧いてきました。あと、ナチュラル志向ですよね。天然木を使ったリフォームや、ガーデニングとセットにした提案ができそう」

山口「目のつけどころがいい！　ロハスやエコに通じるワードは、少し生活に余裕がある人には響くよね。その点はぜひアピールしたいところです」

《確認》キャッチコピーを書く前の、準備の方が大事です。今何を売りたいのか、自分は何ができるのか、どのツールを使うのかを固めましょう。特に第3・4章を参考にしっかりネタ帳を作ってください。雑誌研究に基づいて、理想の顧客イメージを描きます。

◆箇条書きを使う

山口「目的と読者は設定したとして、今度はツール別の文字の量が大事になります。チラシやWEBだとデザインも関わってきますね。今回のチラシの大きさと入れるべき情報を全部書き出してみましたか？」

林「書いてきたんですが、あふれます……。リフォーム相談会で提供できる項目が、たくさんあるんです。あと、イベントやセミナーがあるのでその情報も入れたい。ウチがどんな会社かも入れたい。できれば実績も……」

山口「じゃあ、一回、WEB用に全部書いてみよう。サイトだったらページを複数にすれば全部の情報が入れられるし、文字数の制限が無いから。その上で、チラシ用に捨てる作業をしましょう。**順番はともかく、書きたい内容を一度並べてみてください**」

（1）キャッチコピー
（2）サブコピー
（3）こんな方にオススメ
（4）リフォーム相談会でできること
（5）日時・場所・問い合わせ先
（6）親子イベント・キッズスペースの案内
（7）FP（ファイナンシャル・プランナー）によるリフォーム資金セミナー
（8）会社の紹介・モットー
（9）お客様の声
（10）よくある質問
（11）来場特典のご案内

林「最初からいきなり詰まります……キャッチコピーが出てこなくて」
山口「それなら飛ばして、書けるところから書く！　企画書でも仕事の書類でもそうだけど、苦手意識で手をつけないと、ずるずると締切り直前まで先延ばしにしちゃうよね。私も経験あるけど（笑）。まずは、日程だとかセミナーの内容と日時とか、書けるものから埋めていく。まず手をつけよう。あ、一つ言うの忘れた。チラシでもＷＥＢでも『箇条書きスタイル』は読みやすくて親切だから、特に(4)は箇条書きで書くといいよ」
林「あの、よく見かける『こんな人にオススメ　☑家族のためにバリアフリーを検討している方　☑子どもが独立して部屋が余っている方　☑趣味や仕事がしやすい部屋にリフォームしたい方』……とあって、チェックが先に入ってるようなヤツですね」
山口「そうそう、あのスタイルは定番だよね。最初に考えた人、エライ！　チェックを手書きにすると目立つんだよね。じゃあ、並べてみてください」
林「１　リフォームの専門家に個別相談できる／２　施工事例をパネルと映像でご紹介／３　最新バスルームやシステムキッチンを実物展示／４　資金の相談やローンの提案ができる／５　外壁や床素材を豊富に展示／６　家具オーダーもできる／７　バリアフリーの

相談ができる／8　床暖房の体験コーナー……」

山口「多いなぁ。全部並べるとぼやけるよね。サイトなら、個別にページを作って悩み別に固めるといいかな。『老後を安心して暮らすためのリフォーム』のページ、『外壁リフォーム』、『知りたい！　リフォーム費用ほんとのところ』みたいなページを作って個別に詳しく説明した方がいいね。チラシに入れるには全部は多いから、3つかせめて5つに削ろう。自分たちのアピールしたい優先順位は？」

林「床暖房とバリアフリー、儲かるんですよね」

山口「正直過ぎる！……でも実際、イチオシ商品って『利益率が高い』『在庫処分』『本当に自信作』のどれかだもんなぁ。じゃあ、お客さんの反応が一番良さそうなのは？」

林「今は不況のせいか、『建て替えるよりリフォーム』とか『中古住宅を買ってリフォームしたい』というニーズが多いのと、『できるだけ安く』という気持ちはひしひしと感じます。『住宅エコポイント』でエコ住宅へのリフォームは得ですね」

山口「『住宅エコポイント』は『旬ワード』だし、お得感にお客は引きつけられるよね。並べ方としては、リフォームの個別アドバイスでお得↓中古住宅の施工事例を豊富に展示↓ちょっと迷う気持ちを『住宅エコポイント』で背中を押す……この流れなら顧客心理に沿っているし、会社が売りたい商品も入ってるよね。バリアフリーと今回のメイン顧客の30～40代主婦層は少しずれるから、チラシからは外す」

林「そうですね。その代わり、バリアフリーだけで一回、相談会を組むようにします」

《確認》箇条書きは使える基本の型です。ただし、多すぎると印象が弱くなるので、想定顧客に合わせて絞り込みましょう。自社視点、相手視点の両方で優先順位を考えます。

◆基本の型を試す

山口「ここからは、初心者でも書ける基本の型に当てはめていきます。**サイトでもチラシでも、キャッチコピーは最初のきっかけに過ぎません。**最後まで読ませて、問い合わせなり申し込みがあってナンボ。キャッチコピーは、作りやすい『呼びかけ』でやってみましょう」

林「質問する型ですね。『リフォームでお困りではありませんか？』……どうでしょう」

山口「ちょっと普通かなー。もう一押し行きましょう。価格を気にするお客さんが多いんですよね。リフォームしたいけど、予算が心配というお客さんに呼びかけてください」

林「『リフォームの予算でお悩みではありませんか?』……うーん、銀行のチラシみたいだ」

山口「1つの型でしっくり来ない時は、どんどん別の型を使ってみましょう。コスト意識が高い相手なら使える『数字』はありますか?」

林「最新モデルのシステムキッチンが50%オフで提案できます」

山口「半額!?……ああ危ない、リフォーム頼みそうやわ。不況だとやっぱり数字は強いからなぁ。どうせ50%オフでも利益が出る商品なんだろうし、最初の値付けからキャッチコピー作りが始まってるみたいなもんだよね。割引やクーポンは、乱発すると質の悪いお客さんしか集まらない。たまに抽選会やタダでもらえるオマケで釣って集客はできても、その名簿が全く使えないことがある。あんまり下品な値引きは『ありえない』と回避するよね。この間、ネット通販で90%オフのワンピース買ったんだけど、縫製はぐちゃぐちゃだし生地はペラペラで悲惨やったなぁ」

林「まんまと買わされてるじゃないですか」

山口「えーっと、まぁ、そういうこともあります……。でもキッチンだけが50%引きだと、キッチンに興味ない人は来ないよね。それは、写真で展示物を見せるところで書きましょう。メインのキャッチ、もう少しがんばろう。『会話文』を使うのは？」

林「『もっと住みやすい家にならないかなぁ……』『でも予算が気になるし……』お気軽にご相談ください！　げんきホームのリフォーム展示会」

山口「あ、いい感じ！　築の古い家がナチュラルテイストの明るい部屋に変わったビフォー&アフターの写真はある？」

林「ありますよ！　コレどうですか？」

山口「ああ、自社で撮ってるのね……施工後の写真がちょっと暗いし、角度がイマイチだなぁ。事例はお客様の許可をとって、できるだけプロの写真を撮っておくのがいいですよ。もし予算が無いなら『伝わる！　売れる！　仕事によく効くデジカメ撮影術』（久門易／翔泳社・2007年）を参考に撮ると、かなり写真が良くなるのでオススメ！　あと、お客様の声もできれば、実名と顔出しオッケーでほしいよね」

林「今度から積極的にもらうようにします。写真は、もう1件のこっちがプロの方にお願いしたものです」

山口「え、この部屋がこんなキレイになるの!?　これでおいくらぐらい？」（身を乗り出す）

林「キッチンを対面にして、壁と天井の張り替えに床暖房、窓を出窓に変えて照明をつけかえ。12畳のリビングダイニングが、なんと260万え〜ん！」

山口「そんなジャパネットたかた風に言われても、どの程度価値があるのかわからないよ(笑)。**他社と比べてどう違うのか、価格のどの点がお得なのか、そして安い理由も知りたい**な。チラシの中では無理でも、サイトやDM、会場で配る冊子では伝えたいよね」

林「ここでさっきのシステムキッチンが半額なのが効いてるんです。メーカーと交渉して、アウトレット商品の組み合わせや、工期の短縮で予算内で他社より2割ほどいいリフォームができるんです」

山口「説得力あるなぁ。でも、やっぱりそれは個別相談して、見積もり出さないとわからないよね。『お客さんを教育する』の項目を参考に、『知ってますか？　リフォームは業者選びで100万円変わります！』なんて刺激的なコピーも作れそうですね」

林「確かに、ケースによっては100万円変わります」

山口「『ナチュラル志向のステキなリフォーム』を目指す奥さんには生々し過ぎるだろうけど、『リフォームで得する人、損する人』というコラムをサイトに載せておくと、『リフォーム代　節約』なんてキーワードでアクセスしてくる人がいそう。私も読みたいです」

《確認》第2章の「くどきコピー」や第5章の「キャッチコピーの基本型」にどんどん当てはめます。次々と案を出す中で、ぴったり来るコピーが見つかります。複数の人と作ってもいいでしょう。長文で知らせるべきことは、サイト や ブログ、DM・小冊子などで伝えます。そして、写真は大事！

◆流れを作る

山口「では、チラシのメインキャッチコピーはこれで」

「もっと住みやすい家にならないかな……」「でも予算が気になるし……」

リフォームのお悩み、解消します「東大阪リフォーム相談会」

林「社名を外して、エリアの地名を入れました」

山口「そうそう、社名って悩んでる人にとっては、どうでも良かったりするのよね。これが『三井のリフォーム相談会』とか『関西電力のリフォーム相談会』なら、それなりにブランドで集客力があるけど。**自社に知名度がないという自覚を基に、集客を目的にするなら変なプライドは捨てる場面も必要**かな」

林「コピーの下に、『リフォームでお悩みの方へ』として、箇条書きで名指しします。

☑リフォームしたいけれど、予算が不安／☑憧れのイメージの部屋にしたい／築が古い家なので建て替えと迷う／☑子育てがしやすい家にしたい」

山口「生々しい『安くしたい』と『憧れ』『子育て』の夢を感じさせるワードが入っていて、良さそうですね」

林「その次に、築15年の狭いリビングキッチンが、リフォームで開放的でナチュラルテイストのキッチンに変わった写真を入れています」

山口「写真には説明コピー（キャプション）をかぶせたいよね。なんて書く？」

林「築15年の古いキッチンが……開放感たっぷりの明るいキッチンに！　しかも床暖房♪」

山口「このお客様の声はある？」

林「いただいてます。『料理するのが楽しくなって、子どもも大喜び！　しかも予算内で収まって嬉しかったです』（東大阪市・田中様）と入れればいいですか」

山口「いいなぁ、手書き風の文字か、直筆の写真だともっとリアルな感じがするよね」
林「もらってきます！」
山口「このメインキャッチは、対象になる30〜40代の女性のつぶやきだから、入るならモデルの悩んでいる風の写真を入れると、より『あ、私のことだ』とイメージできるかも」
林「それもモデルを使って撮影した方がいいですか？」
山口「いや、高くなるから『Ｐｉｘｔａ（ピクスタ）』とか写真素材を扱っているサイトに行って、『悩む　女性』で検索すれば、イメージに合った女性の写真が見つかります。チラシ制作会社に仕上げを頼むにしても、イメージを伝えるのに使ってみて」
林「わかりました。やっぱり、今までのチラシは詰め込み過ぎで、写真も小さかったんで結局ごちゃごちゃした印象しか残らなかったんだなぁ、と痛感します」
山口「**基本的に、難しいマーケティング用語なんか知らなくても、読み手の気持ちを想像して組み立てれば、効果的な流れが見えてくる**んだよね。このチラシだと、『悩みのつぶやき』『こんな方はご相談ください、相談会やりますよ』ときて、ステキなビフォー＆アフターの写真とお客様の声がある。いいなぁ、私もこんな家に住みたいなぁと思う人が、次に考えることは何だろう？」

林「リフォームって高いだろうなぁ、かな」
山口「そう。だから『予算内でできる』『事例豊富』といった箇条書きを、ここで使いましょう」
林「がんばって作ってきました！

東大阪リフォーム展示会で悩み解消！
1　あなたの夢を予算内で！　リフォームの個別アドバイスとお見積もり
　予算、イメージ、現在のお部屋の間取りや写真をお持ちください
2　えっ、これが築○年!?　リフォームのビフォー&アフター大量展示
　豊富な工事実績をパネルや具体的な費用、映像でご覧いただけます
3　住宅エコポイントで今なら安い！　節電リフォームと床暖房の体験コーナー
　平成23年末まで住宅エコポイントによるリフォームが超お得」
山口「おおーすごい説得力。**フォントの大きさでメリハリをつけて、読みやすくしてあげると目に飛び込んで来ます**ね。3の『住宅エコポイント』は、期限を入れたのがいい。リフォームって時間もかかるし、場合によっては資金調達も必要だから、ブログかサイトで

『住宅エコポイント終了までにリフォームしたいなら、平成23年○月までにお申し込みを』とカウントダウンして、告知してあげると親切だよね」

林「箇条書きの後には、展示会のセミナーとイベント告知を並べます。『FP（ファイナンシャル・プランナー）によるかしこいリフォーム資金準備セミナー』と『親子で作ろう！　木造ミニチュアハウス教室』です」

山口「それぞれ、吹き出しで『今しか聞けない！』『家族で思い出作り』と入れて、印象を強めた方がいいかな。この後は？」

林「当日、展示している商品や去年の会場の様子をスナップで入れたいです」

山口「会場イメージが湧いて、いい写真だね。にこやかに相談に乗ってる様子の写真や、スタッフの笑顔の写真を入れると、ぐっと親近感が出るかな。去年来たお客様の声は、この辺に入れたいね。で、どうやったらこの相談会に行けるの？　予約はいるの？」

林「あ、そうか。『予約不要、無料、お問い合わせ先と時間帯』は必要ですね」

山口「電話番号は大きく！　できればＦＡＸ・メールでも質問を受け付けると書いてください。最後は『特典』ですね。会場にチラシを持って行った人は、何がお得？」

林「げんきホームのオリジナルマスコット・げんき君のストラップが……」

山口「きゃー、いらないーー！　一般家庭に、どんだけ名前やキャラ入りのストラップやキーホルダーがあると思ってねん！　林君、これってホンマに欲しい？」

林「……正直なところ……いらないです（笑）」

山口「ノベルティグッズは、ネットで検索したら可愛いエコバッグや文具があるので、この機会に検討し直してください。あと、抽選で当たるWiiで釣るとかナシ！　それぐらいなら『最新3Dソフトによるリフォーム図面無料プレゼント』とか、『発注時の5万円キャッシュバック券を進呈！』の方に、お得を感じるお客さんの方が商談に直結しやすいはず。せめて、おしゃれな雑貨とか、アロマポットとか、インテリア好きが喜ぶものにしてあげてほしいなぁ」

林「ホントですね。さっそく会社に持ち帰って提案します！」

《確認》読者の心理にそって、項目を当てはめていきます。王道パターンは「顧客の悩みに共感」→「解決策の提示」→「お客様の声」→「顧客がするべき行動」→「特典」を示すのが使いやすい型です。その合間に、用語の説明や親しみを感じさせる要素を入れます。この「特典」が本当にお得なものになっているか、顧客心理を想像して検討してください。

◆取りこぼしを無くす

山口「あれから数日経ったけど、特典の件はどうなった？」
林「相談者への5万円キャッシュバックと、来場者には先着100名に『エコバッグ入りお掃除グッズ』を配ることにしました。メーカーの協賛で、スポンジや天然成分の洗剤、手袋型のモップが集まりました。エコバッグはウチで作ります」
山口「その家をかついでるキャラクターの『げんき君』を、どど－んと入れるとか……」
林「ご心配は無用です（笑）。このキャラは入れず、会社名とURLだけにして、普段使えるおしゃれな柄にしてもらいます。でも、チラシにはキャラクターを入れます」
山口「それなら安心しました。キャラクター自体はあった方がいいし、作った以上は覚えてもらうことも大事。でも、毎回使わなきゃ！　と思いこまない方がいいです。では、細かい部分をチェックしていきましょう」
林「ウチの会社の説明が入ってないのが不安なんですが……」
山口「会社のキャッチコピーは？」
林「あなたの夢とともに　げんきホーム」
山口「内容はいいんだけど、コピーとしては弱いですね。『ナンバー1』は何かないの？」

林「うーん……満足度は高いと思うけど、『ナンバー1』の根拠がないなぁ。東大阪エリアでは老舗で、施工件数は多いです。特にエコ住宅については、昔から取り組んでます」

山口「じゃあ『東大阪のリフォーム施工件数トップクラス』は言えるわけだ。あと『東大阪のエコ住宅ナンバー1！』とか。**根拠のない数字だと、同業他社からも叩かれやすくなるから『トップクラス』という表現にするか、根拠を示すように心がけてください**」

林「わかりました。ここはひとまず『トップクラス』にしておきます」

山口「あと、抜けや漏れはないかな」

林「僕はないと思うんですが……」

山口「消費者視点で、駐車場の有無は気になります」

林「あ、そうですね。ちゃんとあります。明記しますね」

山口「小さな子ども連れ歓迎を、もう少し押してください。『親子工作教室』は5歳児以上でしょ。それより小さい子どもの親は、キッズスペースがあるのとないのとではハードルが変わるし、授乳室もあると嬉しい」

林「去年のキッズスペースの写真を入れますね」

山口「あと、こんなこと言うのナンだけど、特に初心者はリフォーム会社には悪徳なところがあるとか、営業がしつこいんじゃないか、って不安があるはず。そこで一言でも『イベント後の無理な営業はしません』とあれば、安心できるので、入れておいてください」

林「わかりました！　入れておきます」

山口「入れておくってことは、ホントに強引な営業はしないよね」

林「はい、しません。もう流行らないですよね。メールアドレスや住所に案内を送っていいかどうかだけ確認して、定期的にニュースレターは送らせてもらってます」

山口「そうなると、本当に書く力が必要だよねぇ。そうそう、最後にサイトにアクセスできる検索語は入れておいて！」

林「『げんきホーム検索』という書き方ですね。了解です！」

《確認》情報に必須の項目が抜けてないかをチェックします。読んだ人が「不安」に思う内容が、チラシやサイトの中で解消されるように考えてください。書ききれない時は、「何でもご相談を」と電話やメールでの問い合わせを促します。また、会社コピーは抽象的なものが多いので、「ナンバー1」や「業界○位」などを付け足して強調してください。

◆メディアミックスを考える

山口「サイトとチラシの内容はできたので、これをプレスリリースに応用しましょう」

林「マスコミ向けに送る文書ですよね。キャッチコピーはまた作り直しですか？」

山口「メディアに向けるのは『ニュース』だから、読む相手が違う。今度は『載りたい雑誌・新聞や取材されたいテレビ』を研究するのがいいかな」

林「ウチの社長が『カンブリア宮殿』とか『ガイアの夜明け』に出たがってます」

山口「そりゃハードル高いよ！　そこまでニュース価値があると思う？　大阪のお客さんしか来ないイベントは、関西のメディアしか載せる意味がないやん。業界を変えるようなデカい改革や個性的なサービスを考えた時の目標にしておくよう、社長に伝えておいて（笑）。まずは関西のがんばる中小企業を取り上げるメディアがあるから、その辺に送りましょう。でも、リフォームを考える女性は、ビジネスニュースを見ないんだよね」

林「ワイドショーか、関西の午後の情報番組ぐらいしか思いつきません……」

山口「穴場は『リビング新聞』や『朝日ファミリー』などのエリア情報が載ってるフリーペーパー、それから地元ケーブルテレビの番組。新聞ならイベント情報として取り上げてくれる可能性があるかな。情報番組は『住宅エコポイント早わかり』『絶対得するリフォーム情報』などの特集に、使ってもらえるよう、毎回リリースを送っておきましょう」

林「へー、媒体ってたくさんあるんですね」

山口「**WEB媒体も侮れなくって、地元の情報サイトは効果があるのでぜひメールを**。広告依頼が来ることもあるけど、それは予算と効果に応じて検討すればいい。『ヤフートピックスを狙え』（菅野夕霧／新潮社・2010年）に、ヤフーニュースの『トピックス』に取り上げられた時の成果のすごさや、採用されやすいネタ作りについて説明があるから読んでみてください」

林「ヤフートピックス、そう言えば毎日見ています。文字数少ないから『エリカ不調でCM発表会は中止』なんてあると、ついクリックを……」

山口「今度は何やらかしたんだ感があるから、見出しに釣られるよね。これからのコピー能力はヤフートピックスの見出し（13字）や、ツイッター（140字）を意識したバリエーションを用意しておきましょう。メールでのDMもタイトル勝負だから、使えます」

林「『親子で夢のおうちを作る教室』（13字）と、リフォーム相談会より工作教室の方がWEB向きのネタですね」

山口「そう、ネットでウケるっていうのは、みんなが面白がったり感動したりして広めることだから、チラシやＤＭ作りとは違うと思っておいた方がいい。マスコミは、ある程度ウケ狙いも必要だけど、一定の型があるのでそれは守るべき。広報はノウハウ本がたくさん出ているので、自社のレベルに合った物を探してください」

林「プレスリリースのキャッチコピーだけ書いてみますね。

東大阪最大級！　専門家によるリフォーム相談が無料

げんきホーム『東大阪リフォーム相談会』開催のお知らせ

……どうでしょう」

山口「『東大阪最大』って言っても、マスコミはさほど関心ないかな。それよりは、メディアでよく見かけるキーワード『旬ワード』を入れるとぐっと興味を惹きます。『東大阪最大級』より『住宅エコポイント終了迫る！』の方が、取材側も『そうだ、住宅エコポイントは今知らせないと』と思う可能性があります。エコカー減税のラストスパートも凄かったんで、ラスト半年は毎月リリースをするといいよ」

林「確かに、その時期は絶対に相談が増えそうですね。今からその時期のスタッフ体制や販促と広報プランを考えておきます」

山口「プレスリリースはネットでも流せるから、無料配信サイトを活用して少しでもアクセスアップにつなげてくださいね」

林「サイトはチラシの内容＋アルファで作りましたが、ブログには何を書きましょう？」

山口「**リリースやチラシからサイトにアクセスしてきた人に、『専門家』だと思わせること。**今なら『住宅エコポイント』の解説記事を、ブログにも書く。Q＆Aを連載する、あと、施工事例のビフォー・アフターの写真を解説付きで。合間に、スタッフに親しみが持てるようなスナップ写真や、会社の小ネタを挟むのも効果的です」

林「それでは、現場の職人さんや、メーカーさんにもコメントをもらっておきます。自社のスタッフだけでは忙しくて更新できなさそうなんで……」

山口「ブログの執筆代行は私もたまにやるけど、そのネタ元になる情報も送れない会社は、やっぱりWEB戦略が弱いなと思います。そういう我が社のブログやコラムは止まり気味なんで、偉そうに言えません（笑）。ツイッターは活用してる？」

林「始めてみたものの、慣れなくて……『スタバなう』とか『お昼のうどんなう』なんて言ってても意味を感じないんです」

山口「ツイッターもノウハウ本がいっぱいあるんで、まずはそちらを参考に。最初のうちは、つぶやき（書き込み）の練習をする場所と思ってください。リフォーム会社なんだから、関連するニュースがあればリンクを張って専門家視点のコメントをする。お客様の事例に誘導する時は、第5章の『「インパクト」を与える』が効果的。たとえば、エコポイントの説明ページに誘導するならなんて書く?」

林「『思わせぶりにふるまう』を使います。

『リフォームのプロが教える【絶対得する住宅リフォーム5つの鉄則】をブログに書きました！　なう！』（46文字）＋リンク」

山口「『なう』はつけなきゃいけないものじゃないから、このケースではいらない（笑）。ツイッターは140字しか書き込めないし、その後引用で広まることを考えたらそのぐらいの字数がいいです。『ブログに書きました！』は『更新！』でも十分ですね」

林「携帯から写真つきで書き込めるんで、リフォーム相談会の直前や会場の様子を伝えたいですね」

山口「そうそう、リアルタイムでやりとりできるのがいいところなんで、お客さんから返事があったり、相談があったりするかも。ちゃんと運営できそうなら、チラシやDMにツイッターのアドレスを入れておいてください」

林「やること多いなぁ（ため息）」

山口「1人で背負い込まず、ブログやツイッターは複数のメンバーで書き込んでいるところも多いから、分担しましょう。あと、中小企業は広報担当者を置かないところが多いので、できれば決めた方が成果が出やすくなります。みんなをどんどん巻き込んで！」

《確認》作ったコピーをチラシやWEBだけで終わらせず、プレスリリース・ブログ・ツイッターと連動して宣伝活動を行います。それぞれ特性があるので、実用書を通じて具体的なやり方を学んでください。商工会議所・商工会でもセミナーを実施しています。

◆結局、何のためにコピー能力は必要なのか？

山口「ここで根っこの質問をするけれど、なぜ林君はコピーを自分で書こうと思ったの？チラシやWEBの制作会社を使ってるんでしょ？」

林「はい。今までずっと、同じ会社とお付き合いしてます。でも、文章や写真に関しては『素材をいただかないとできません』というケースが多いですね。社長が価格を叩いてることもあって、ぜいたくな要求だとはわかってますが……」

山口「まぁ、ウチみたいにリリースもWEBもチラシも全部、デザインとコピーを提供する会社は高いからなぁ。内容を伝える際には、独断で決めてるの？」

林「いや……大きな声では言えませんが、営業部長や社長が口を出してあれもこれも盛り込んで、最終的にはこんなゴチャゴチャのチラシに」

山口「ああ、よくあるパターンだ。自分の意見を組織の中で通したい時は、『専門家に見てもらったらダメ出しされました……』と訴えて、他人を悪者にしちゃうといいよ。そうすると上司も『そりゃいかん』と耳を傾けてくれる。何なら、私がチラシをめためたに添削したのを、社長に送りましょうか」

林「お願いしたいです（笑）。よく『昔はこのチラシで反応があった』とか言うんですが、バブルの頃のイメージがまだ抜けないみたいです」

山口「特に住宅・建築関係で年配の方は、当時の売り上げ規模や客単価の感覚が抜けない人いますね。あとネットに理解がないケースもある。チラシの反応が落ちたのは、他の媒体に流れたせいもあるよね」

林「僕なんか新聞取ってないですよ。それで、ネットプロモーションに力を入れるとなると、ブログやメールDMは外注できない。自社で書く場面ってあるんですよね」

山口「プレスリリースや見込み客向けのニュースレターも入れると、『キャッチコピーを書く場面』は相当な数だよね。お客様への提案書もしっかり作り込めば、口ベタでも営業トークの台本になるから、絶対に『書く力』は持っておいた方がいいと思うよ」

林「僕は今の会社が好きなんで、このままがんばるつもりなんですが、『書く力』があると他の会社に行くにしても実績にできますよね」

山口「コピー能力は実績になります。あと、自己ピーアールも一種のセールスなんで、履歴書の与える印象や面接の受け答えが違ってくる。転職の時は、相手の会社のことを『理想の顧客』だとイメージして真剣に書いた企画書を持って行くといいよ」

林「今の会社がつぶれた時のために、心のメモに書いておきます（笑）」

山口「**文章を書いたら、必ず推敲する。そして成果があったかどうかを確認する。お客さんの率直な意見を集める。そして、前よりうまく書こうと思うこと。その繰り返しで必ずうまくなる**から。まずは今回のリフォーム相談会の集客、成功させてくださいね！」

林「がんばります！」

《確認》外部の業者に正しく要望を伝えるにも、ブログや営業トークに応用するにも「書く力」は個人が鍛えておくべき能力。自己ピーアールにも応用できます。

脳内の年下の若手社員（林君は妻夫木聡のイメージ）で進めて来ましたので、やや上から目線に感じる講座になったかもしれません。第1章からの内容を、実際の制作過程に当てはめてみました。キャッチコピーの制作は、言葉の問題だけでは終わりません。この講座の中にあるように、写真、価格設定、デザイン、特典の内容、WEBの応用など、さまざまな要素が絡んでいます。最後に、個人・中小企業向けの販促に役立つ参考図書一覧をつけておきました。根っこになる顧客研究とコピーの力がついたら、ぜひ活用して下さい。

また、デザインやコピーの一番の教科書は、私たちが毎日目にするチラシやサイト、つまり他社の作品です。第一章のコラムでもご紹介した「チラシ呑み」をお試しください。毎日、折り込みチラシの「ナンバー1」と「ワースト1」を保管して、なぜいいのか、ダメなのかを研究する。思わず読んでしまったサイトはブックマークする。

迷惑メールも、よく見ると「キャッチコピー」の宝庫です。

「読むだけの人」から、「書く人」へ。そして「書いて読ませる人」「書いて売る人」へ。

この本の内容（講義）を、日々の仕事（問題演習）で、実力に変えてください。

【販促文構成シート①】

第 6 章を参照しながら、このシートを埋めることで「チラシ・DM・WEB・営業ツール」の内容や構成ができます。販促ツールを作る際に活用して下さい。

ツールの目的	
対象読者	
書きたいこと 書くべきこと ※箇条書きで思いつく限り	
読者の課題や知りたいこと	
提案できる解決策	
他社との違い	
よくある質問と回答	
読者にしてほしい行動	
価格の説明	
自社の思い	
必要事項 （連絡先や営業時間など）	

【販促文構成シート②】

①を埋めたものの、どう構成していいのかわからない人は、まずこのパターンで作ってみてください。

呼びかけ　or 名指しコピー	(例)「〇〇で悩んでいませんか？」
提示できる解決策	(例)△△なら、解決できます。その理由は1～、2～、3～です
他社と違う点　or データや実績	(例)△△は〇〇解消グッズでは実績№1
商品・サービスの 価格・仕様説明	(例)△△　1個～円　素材・サイズなど
お客様の声	(例)「△△のお陰で、～になりました！」(女性・34歳)
よくある質問と回答	(例)「△△はどうしてこんなにお安いんですか？」「それは～しているからです」
お得情報	(例)今なら先着100名限定で半額サービス
読者にしてほしい 行動	(例)今すぐ、無料サンプルをお申し込みください
会社・店舗情報 連絡先	

この構成は、テレビショッピングの流れを踏襲したものです。法人向けの営業ツールも、一度この流れで作ってみてください。営業マンのトークにも応用可能！

あとがき

私は自分に「経済効果10億円の女」という、どぎついコピーをつけることがあります。

ありえないと思いますか?

いえ、全くそうとは言い切れないんです。

このコピーは、ずるい数字の使い方をしています。

私が呼ばれる商工会議所や商工会のセミナーは、出席者が20〜50名ほどいます。その中には、経営者や後継者が多くいます。年商が億を超える会社も、そうでない個人事業もたくさんあります。

その人達に、ビジネスアイデア発想法やキャッチコピーの書き方講座を行います。セミナーの内容を実践して売り上げが向上すれば、会社規模に応じた金額が積み重なります。

それを、年に50回前後行います。本格的に講師になってから5年経ちますから「10億円」は到達していてもおかしくありません。

「1回のセミナーで1億円の経済効果」と言うこともあります。

これも、期限を切ってないのですから何とでも言えます。

出席した30の企業が、10年かけて売り上げ向上やコスト改善に取り組めば、1年に1000万円、1カ月で約83万円、それを30社で割れば約2万8000円。1カ月に3万円足らずの売り上げアップかコストダウンは確実にできる情報や頭の使い方を、教えている自信があります。

このように、単なるセミナー講師という仕事でも、見せ方一つで変わります。

キャッチコピーは面白い。でも、危険をはらんでいる。

それは「悪用しようと思えばできる」からです。

この本はキャッチコピーを書きたい人だけでなく、買い物の失敗が多い人にも読んでもらいたいと思っています。作り手の技を知っていれば、根拠の無いコピーを信じたり、理屈に合わない値引きに飛びつくことが減ります。「飛びつくことが無くなる」と言い切れないのは、私自身が時々引っかかるからです。買い物に失敗した時は、必ず理由を考えて「ささるコピー」のネタにして下さい。

さて、「読む力」と「書く力」の授業は、これでおしまいです。

後は、実践あるのみ。

いくつかの塾で指導した中に、関西では「賢い子が行く塾」として有名な塾がありました。学習意欲に満ちた子ばかりだろうと期待して、授業に出て驚きました。「この塾におったら受かるのは当然」と思考停止して、進んで勉強しない子が半分以上。その塾の合格実績は、一部の意欲が高くて自主性のある子が引っ張っていたのです。その裏に、「賢い子が行く塾」に入れたことで、安心してダメになる生徒がたくさんいました。塾が何とかしてくれると、他力本願になってしまうのです。

商売も一緒です。優秀なコンサルタントが手取り足取り指導してくれても、甘えきってしまえば失敗します。自分が商品・サービスを知り尽くし、顧客研究を重ねて、売り方を考える。それを他人に丸投げしてしまうと、お客様の本当の姿が見えなくなります。

この本で、自分自身の思考力や発想力を鍛えてください。

書いて反応があれば、面白くなってきます。

いいコピーには「顧客愛」が詰まっています。悩みや願望を持つ人に、自分の商品・サービスを届けたい。どうしたら読んでもらえるだろう、買ってもらえるだろう。そう考える日々の繰り返しが、「売れる文章」、「ささるコピー」につながります。

キャッチコピーや販促ツールを見直して、健全に儲けてください。儲けることで、税金や雇用が発生します。それは立派な社会貢献です。私は、地方で雇用を確保し、事業を続ける経営者を心から尊敬します。また、新しいビジネスを起こし、市場を切り開く起業家を応援しています。

世の中を嘆くだけでは、何も変わりません。

商売人は商売人のやり方で、日本を元気にすることができます。

この本が「経済効果100億円の本」と名乗ることができるよう、願いをこめて終わります。全国どこかのセミナー会場で、お会いしましょう！

2010年12月　山口照美

【ご購入者様特典】

著者によるキャッチコピー無料添削を行います。この本p91に出てくる映画のタイトルをまず冒頭に書いて、その後で、自分の書いたコピーを以下のメールアドレスまで「添削希望」と書いてお送りください。info@kikaku-ya.net 「お名前、業種、本の感想」をご記入いただきますようお願いします（2012年末まで有効）。

【ワークシートをご希望の方へ】

本書内のワークシートは、「企画屋プロモ」サイト内 http://www.kikaku-pro.com/ でダウンロード可能です（2012年末まで）。

【参考図書】

●デザイン力を鍛えたい！
『企画書は見た目で勝負　契約が面白いほどとれる企画書デザインのコツ』道添進・デザインの現場編集部・美術出版社・2009年
ワードやパワーポイントで作る効果的なデザインの指南書。ＦＡＸＤＭや企画書に！
『視覚マーケティングのススメ』ウジトモコ著・明日香出版社・2008年
デザインにお金をかける意味を教えてくれる良書。客単価を上げたい会社にオススメ。

●自社で写真をカッコよく撮りたい！
『伝わる！売れる！仕事によく効くデジカメ撮影術』久門易著・翔泳社・2007年
ちょっとしたコツで写真がプロ仕様に変わる！　カメラマンに依頼できないなら一読を。

●マスコミや口コミに乗せたい！
『ヤフートピックスを狙え　史上最強メディアの活用法』菅野夕霧著・新潮新書・2010年
小さな会社こそ、ネット媒体の威力を知るべき。ＷＥＢでウケるネタがわかる！
『テレビが飛びつくPR』殿村美樹著・ダイヤモンド社・2010年
マスコミ受けする題材作りと、プレスリリースの書き方・出し方がわかる実用書。

●ＷＥＢで売りたい！
『これは『効く！』Web文章作成&編集術　逆引きハンドブック』松下健次郎著・ワークスコーポレーション・2010年

サイトの文章でありがちなミスや漏れを指摘してくれる。自社で更新するなら必携本。

『セールス文章実践ドリル』竹内謙礼著・アスキー・2006年

ネットショップに必須スキルが満載、特にお客様向けのメルマガ文面はチェックしたい。

『一億稼ぐ「検索キーワード」の見つけ方』滝井秀典著・PHP文庫・2009年

検索ワードから商品・サービスの設定や売り方を考えるための、基本の一冊。

●広告をもっと活用したい！

『効率3倍アップのニッチメディア広告術』内藤真一郎著・ダイヤモンド社・2009年

フリーペーパーや会員向けマガジンなど、ニッチな広告活用術がチェックできる。

●イベントや新サービス・新商品を考えたい！

『企画のネタ帳　30キーワードで楽々ネタ出し！』山口照美著・阪急コミュニケーションズ・2009年

手前味噌ながら、売り方のアイデアそのものが出てこない時に効果絶大のネタ本！

これらの本に加え、日々変化するＷＥＢ・モバイルプロモーションについては、書店で最新の書籍をチェックして、レベルに合ったものを選んでください。デザインやコピーに関しては本文で触れたとおり、目に触れる『雑誌・広告・チラシ・ネットショップ・ＷＥＢ』の全てがテキストです。ただ、体系的に学ぶのであれば実用書は有効です。

【その他参考図書】

『本田宗一郎　夢を力に　私の履歴書』本田宗一郎著・日経ビジネス人文庫・2001年
『スティーブ・ジョブズ　驚異のプレゼン』ガロ著・井口耕二訳・日経BP社・2010年
『生命保険のカラクリ』岩瀬大輔著・文春新書・2009年
『F1地上の夢』海老沢泰久著・朝日文芸文庫・1993年（品切れ）
『だるまさんが』かがくいひろし著・ブロンズ新社・2007年
『俺の考え』本田宗一郎著・新潮文庫・1996年
『いい顔してる人』荒木経惟著・PHP研究所・2010年
『ジャパネットたかた　思わず買いたくなる〝しゃべり〟の秘密』金子哲雄著・ぱる出版・2007年
『偉いぞ！立ち食いそば』東海林さだお著・文春文庫・2009年
『美STORY』光文社・2010年8月号
『日経トップリーダー』日経BP社・2010年4月号・9月号
『with』講談社・2010年10月号
『MORE』集英社・2010年10月号
『THE21』PHP研究所・2010年10月号
『プレジデントFamily』プレジデント社・2010年3月号
『おはよう奥さん』学研マーケティング・2010年10月号
『I　LOVE　mama』インフォレスト・2009年12月号

カバーデザイン　坂根　舞（井上則人デザイン事務所）
本文レイアウト
カバー・帯写真　増田智泰

山口照美（やまぐち・てるみ）
ビジネスセミナー講師・販促宣伝アドバイザー。同志社大学文学部卒業後、進学塾で国語教師や校長職を務める。退職後は、中小企業向けのPR代行会社を運営しながら、「ビジネスアイデア発想法」「中小企業・攻めの広報」「セールス文章の書き方」などをテーマに、全国で講演・研修を行う。元塾講師のキャリアを活かした「わかりやすく、やる気が出る」セミナーは圧倒的な評価を得ている。また、企業のプレスリリース・チラシ・広告やWEB関連のライティングを多く手がける中で、「結果を出す」文章のノウハウを蓄積。著書に『企画のネタ帳』（阪急コミュニケーションズ・2009年）がある。
合資会社企画屋プレス　http://www.kikaku-pro.com/
アイデア脳トレサイト「企画のネタ帳WEB」　http://kikaku-web.com/
Twitter ID　kikakuya3　メール　info@kikaku-ya.net

売《う》れる！「コピー力《りょく》」養成講座《ようせいこうざ》　ささる文章《ぶんしょう》はこう書《か》く

2011年2月25日　第1刷発行

著者――山口照美
企画協力――アップルシード・エージェンシー
発行者――菊池明郎
発行所――株式会社筑摩書房
東京都台東区蔵前2-5-3　郵便番号111-8755　振替00160-8-4123
印刷――凸版印刷株式会社
製本――凸版印刷株式会社

ISBN978-4-480-87835-9 C0095
乱丁・落丁本の場合は、お手数ですが下記にご送付ください。送料小社負担にてお取り替えいたします。
ご注文・お問い合わせも下記へお願いします。
〒331-8507 さいたま市北区櫛引町2-604　筑摩書房サービスセンター　電話048-651-0053

◉筑摩書房の本◉

〈ちくま文庫〉
質問力
話し上手はここがちがう
齋藤孝

コミュニケーション上達の秘訣は質問力にあり！　これさえ磨けば、初対面の人からも深い話が引き出せる。話題の本の、待望の文庫化。　解説　斎藤兆史

〈ちくま文庫〉
段取り力
「うまくいく人」はここがちがう
齋藤孝

仕事でも勉強でも、うまくいかない時は「段取りが悪かったのではないか」と思えば道が開かれる。段取り名人となるコツを伝授する！　解説　池上彰

〈ちくま文庫〉
コメント力
「できる人」はここがちがう
齋藤孝

オリジナリティのあるコメントを言えるかどうかで「おもしろい人」「できる人」、という評価が決まる。優れたコメントに学べ！

仕事力
2週間で「できる人」になる
齋藤孝

「仕事力」をつけるには、だらだらやるのでなく、2週間は徹底的にエネルギーを集中して取り組むことだ。著者の体験と具体的なトレーニングメニューを紹介する。

◉筑摩書房の本◉

移行期的混乱
経済成長神話の終わり

平川克美

人口が減少し超高齢化が進み経済活動が停滞する社会で、未来に向けてどのようなビジョンが語れるか？　転換点を生き抜く知見がここに。鷲田清一氏との対談も収録。

不況は人災です！
みんなで元気になる経済学・入門

松尾匡

いつクビになるかと不安な人々、就職難にあえぐ若者たち……。デフレ不況で元気をなくした平成ニッポン。どうすればいい？　世界標準の新理論で処方箋を提示する。

「生きる」ために反撃するぞ！
労働＆生存で困った時のバイブル

雨宮処凛

解雇されそうになったら？　ピンハネされたら？　フリーターも正社員も使える方法を徹底取材。一人でも入れる労働組合、たすけあいネット、生活保護ノウハウも！

みんな集まれ！
ネットワークが世界を動かす

クレイ・シャーキー
岩下慶一訳

インターネットによって、馬鹿馬鹿しいほど簡単に人は結束し行動できるようになった。我々自身と社会の何がどう変わったのかを、最新理論で読み解く。